Manfred Claßen I Wolfgang Schnepper

Konter
im
Fußball

Kleine Übungsreihe

Die Autoren:

Manfred Claßen, Jahrgang 1966,
1980-1983 mehrfacher Juniorenauswahlspieler,
er erhielt zu der Zeit ein Angebot des
Bundesligisten Bayer Uerdingen,
1984 komplizierte Sprunggelenksverletzung und
das Ende seiner aktiven Spielzeit,
Fußballabitur 1986 mit der Note "sehr gut",
Trainer 1992-1996 zusammen mit Diplom-Sportlehrer
Wolfgang Schnepper im Gesundheitsstudio in Willich
2004 bis heute Jugendtrainer, 2010 gründete er die
Informationsseite www.fussball-taktik.info

Wolfgang Schnepper, Jahrgang 1964, Diplomsportlehrer,
Ex-Bezirksligaspieler im Fußball,
1988-89 in der deutschen Triathlonspitze,
1990 Bayerischer Meister im Body-Building,
1998 Konditionstrainer im bezahlten Fußball

Bibliografische Informationen der Deutschen
Nationalbibliothek: Die Deutsche Nationalbibliothek
verzeichnet diese Publikation in der Deutschen
Nationalbibliografie; detaillierte bibliografische Daten sind
im Internet über http://dnb.d-nb.de abrufbar.

©2013 Manfred Claßen / Wolfgang Schnepper
Herstellung und Verlag: Books on Demand GmbH
Norderstedt
Satz und Layout: Manfred Claßen
Grafiken und Bilder: Manfred Claßen, coachfx
Covergrafik: © iStockphoto LP

ISBN 978-3-7322-8108-4

Inhalt

Inhalt

Vorwort

Dieses Buch entstand aufgrund der vielen Nachfragen auf unserer Homepage www.fussball-taktik.info. Das Autorenteam Diplomsportlehrer Wolfgang Schnepper und Manfred Claßen zeigen hier eine "Kleine Übungsreihe" zum Thema Konter im Fußball.

Dieses Buch richtet sich an Jugend- und Seniorentrainer, die erst relativ wenig Erfahrung im modernen Training und Wettspiel gesammelt haben.
In diesem Buch wird ausführlich das Umschalten von Abwehr auf Angriff, das Umschalten von Angriff auf Abwehr und der Konter abgehandelt (einschließlich extremes Angriffspressing).
Theoretische Grundlagen werden nur kurz abgehandelt, danach geht es sofort weiter mit elementaren Übungen (vom Torwart angefangen) bis zu Konterschulungen und Übungen für das Umschalten für die komplette Mannschaft.

Vor allem geht es uns um eine praxisnahe und einfache Darstellung der Sachverhalte.

Wir wünschen allen Lesern viel Spaß bei der Lektüre und stets viel Erfolg im Sport.

Manfred Claßen   Wolfgang Schnepper

 # Konter

Mit Konter wird im Fußball eine spezielle Handlung und Angriffsalternative bezeichnet.

Früher verstand man unter Konter lediglich ein taktisches Angriffsmittel einer schwächeren Mannschaft (auch durch Unterzahl bedingt) oder einer Mannschaft, die in Rückstand lag.

Im modernen Fußball, besonders in höheren Amateurligen und im Profibereich, wird der Konter sehr häufig und blitzschnell von fast allen Mannschaften eingesetzt.

Dies ist auch möglich, weil die heutigen Fußballer eine viel höhere Laufbereitschaft mitbringen und konditionell wesentlich besser trainert sind.

Der Konter kann immer dann eingeleitet werden, wenn die gerade verteidigende Mannschaft den Ballbesitz zurückerobert und blitzschnell die Initiative ergreift. Dieses extrem schnelle und organisierte Umschalten von Abwehr auf Angriff mit einem gezielten Überraschungsmoment, nennt man Konter.

Der Gegner ist hierbei oft überfordert oder reagiert zu spät, weil die Mannschaft auf Angriff eingeschaltet war und nun sofort komplett den "Rückwärtsgang" einlegen muss.

Der folgende Angriff ist nun viel gefährlicher als bei einer geordneten Defensivaktion des Gegners und führt verhältnismäig häufig zu einem Torerfolg.

In vielen Spielen des modernen Fußballs leiten oft beide Mannschaften reihenweise Konter ein, hier spricht man dann auch von einem offenen Schlagabtausch.

Natürlich wird auch immer noch das Konterspiel gegen wesentlich stärkere Mannschaften eingesetzt.

Konter

Hier dient diese Taktik aber mehr dazu, die Abwehr kurzzeitig zu entlasten und eine Schadensbegrenzung zu erzwingen. Hier bringt jeder Konter etwas Zeit, aber ein Torerfolg ist höchst selten.

Diese Situation liegt häufig vor, wenn z.B. in einem Pokalspiel eine Oberligamannschaft auf einen Bundesligisten trifft. In der Regel wird die Amateurmannschaft überwiegend in die eigene Hälfte gedrängt und entlastet sich mit gelegentlichen Angriffen, hierbei häufig mit Kontern. Die Wahrscheinlichkeit eines Erfolges ist aber sehr gering. Aber wir dürfen nicht vergessen, diese Taktik ist oft die einzige Möglichkeit, um das Spiel zu gewinnen. Spielt die Amateurmannschaft zu offen, ist eine bis zu zweistellige Niederlage durchaus möglich, ein Sieg aber unmöglich.

Das Konterspiel ist also eine taktische Maßnahme, um nach einer Balleroberung schnellstmöglich und kontrolliert zum Torerfolg zu kommen.

Das Konterspiel wird von guten Mannschaften zu jedem lohnenden Zeitpunkt eingesetzt.

Es ist aber auch ein probates Mittel gegen stärkere Gegner, auch durch Unterzahl bedingt und gegen gegnerische Mannschaften, die fehlerhaft ihre Abwehr „öffnen" oder auch bei einem Rückstand kurz vor Schluss „öffnen" müssen.

Die Einladung zu einem Konter ergibt sich auch nach erfolglosen Standardsituationen des Gegners oder Ballverlusten im Spielaufbau.

# Sonderfall einer Kontermannschaft

Hier möchten wir kurz erklären, wann es sich für eine Mannschaft lohnt, überwiegend die eigenen Angriffe über Konter einzuleiten.

Wir haben es mit einer Mannschaft zu tun, die eine starke Defensive besitzt, aber keine „echten Stürmer". Das Team hat aber zwei oder mehrere Konterstürmer im Kader. Diese Spieler sind extrem schnell, dribbelstark und können den Ball im vollen Sprint optimal verarbeiten. Werden sie aber ständig im Sturm an vorderster „Front" eingesetzt, können sie sich nicht durchsetzen, da sie überwiegend mit dem Rücken zum Tor stehen und auch die Grundschnelligkeit nicht zum Einsatz kommen kann (auf den ersten 10 – 20 Metern kommt lediglich die Antrittsschnelligkeit zum Tragen).

Jetzt macht es keinen Sinn zwei oder drei Stürmer aufzustellen. Hier bietet sich beispielsweise an, mit einer hängenden Spitze aufzulaufen und meine Konterstürmer aus dem Mittelfeld und/oder den Außenverteidigerpositionen in das Offensivspiel zu integrieren. Die Konter werden hierbei natürlich durch die defensiven Mittelfeldspieler unterstützt.

Konterarten

An einem Konter können ein bis mehrere Spieler direkt beteiligt sein, in Ausnahmesituationen auch die komplette Mannschaft, inklusive Torwart (hierbei wollen wir von einem Konterangriff mit gleichzeitigem Pressing sprechen).

Im einfachsten Fall erobert nur ein Spieler den Ball bei einem gegnerischen Spielaufbau und läuft mit höchster Geschwindigkeit auf das gegnerische Tor zu. Hier sind dann auch Laufwege von 60 Metern oder mehr möglich.

 # Konterarten

Diese Art "1-Mann-Konter" hat es auch schon in der Bundesliga durchaus gegeben. Hier ist eine hohe körperliche Fitness in Kombination mit einer hohen Grundschnelligkeit erforderlich.

Arjen Robben ist beispielsweise so ein Spielertyp. Vor allem gegen Ende eines Spiels hat dieser Spieler höhere körperliche Reserven und kann damit seine Grundschnelligkeit noch besser ins Spiel bringen. Öffnet der Gegner jetzt gegen Ende des Spiels seine Abwehr und setzt alles auf „eine Karte", kann der Bayern-Spieler einen Konter über eine lange Strecke locker allein mit einem Tor beenden, wie er schon bewiesen hat.

Ein Konter kann auch durch zwei Spieler durchgeführt werden. Hierbei fängt einer den Ball ab, schickt seinen Mitspieler, z.B. mit einem langen und genauen Pass, der dann den Torabschluss sucht.

Bei drei Spielern fängt beispielsweise einer den Ball ab, schickt den zweiten über außen, der eine genaue Flanke auf den dritten Mitspieler schlägt.

Bei einem Konter, an dem drei oder mehr Spieler direkt beteiligt sind, kann dieser auch durch schnelles und kurzes Passspiel nach vorne ausgetragen werden.

Ein extremer Konter ist gegeben, wenn z.B. ein Spieler im eigenen Sechzehner den Ball abfängt, und jetzt einen genauen Pass auf einen Mitspieler über 60 – 80 Meter schlägt. Der angespielte Mitspieler sollte hierbei eine hohe Grundschnelligkeit besitzen, den Ball im vollen Lauf annehmen und führen können und hohe Torschussqualitäten aufweisen.

 # Konterarten

Eine weiter extreme Konterart, ist der Konter der gesamten Mannschaft mit integriertem Pressing. Diese Taktik wird kurz vor Spielschluss eingesetzt und ist mit vollem Risiko verbunden. Hierbei wird der Ball beim gegnerischen Spielaufbau erobert und sofort der Konter eingeleitet. Gleichzeitig rücken alle Spieler extrem weit auf, und im Mittelfeld wird eine hohe Spieler-Überzahl geschaffen.

Der Torwart positioniert sich zwischen Sechzehner und Mittellinie und versucht, eventuell lang geschlagene Pässe des Gegners abzufangen, und mit einem ebenfalls langen Pass in den Sturm zurückzubefördern.

Hier die wichtigsten Merkmale eines Konters noch einmal zusammengefasst:

Sofortiges Umschalten von Abwehr auf Angriff; schnelles Dribbling, raumgreifendes Passspiel oder kurzes Kombinationsspiel mit höchstmöglichem Tempo zum Tor; Einschalten von vielen Spielern, falls erforderlich; die Abseitsregeln im Auge behalten; hohe technische und konditionelle Fähigkeiten der betreffenden Spieler sind für Konter unabdingbar.

Schnelles Umschalten von Abwehr auf Angriff?

Wenn man am Wochenende ins Stadion geht und sich Amateurmannschaften anschaut, vor allem die unteren Amateurklassen, erkennt man oft nach einem Ballgewinn, erst einmal eine Ballsicherung oder einen überhasteten und unkontrollierten Angriff einiger Mannschaftsteile.

Schnelles Umschalten
von Abwehr auf Angriff

Das schnelle Umschalten von Abwehr auf Angriff wurde nie oder selten trainiert. Die gegnerische Mannschaft kann sich ständig gegenüber dem drohenden Angriff formieren und jeglicher Überraschungseffekt bleibt aus. Die Wahrscheinlichkeit eines Torerfolgs sinkt und wertvolle Punkte gehen in der Saison verloren. Es ist klar, dass eine Mannschaft nicht ständig auf Konter oder Pressing spielen kann, weil dazu, vor allem in den unteren Amateurklassen die konditionellen Voraussetzungen nicht vorliegen, aber ein ständig „blindes" oder stark verzögertes Angreifen muss auch nicht sein. Hier hat der Trainer viel Handlungsbedarf.
In gewissen Situationen muss jeder Spieler auf dem Feld (oder fast jeder) blitzschnell auf Angriff umschalten können.

Hier sollte die Grundregel gelten: Verliert die gegnerische Mannschaft vollkommen unerwartet den Ball, und wir sind im sicheren Ballbesitz aus dem „freien Spiel" heraus, erfolgt immer sofort der Konter.

Erfolgt der Ballgewinn in den hintersten Reihen, sind oft Verteidiger oder sogar der Torwart die ersten Spieler, die an einem Konter beteiligt sind.
Hierbei spielt dann der Torwart/Verteidiger den ersten schnellen Pass oder der Verteidiger sucht das Tempodribbling.
Hier dürfte jedem klar sein, dass der Torwart bei einem unerwarteten Ballgewinn kein Tempodribbling startet.
Es gibt allerdings, besonders in unteren Amateurklassen, Abwehrspieler, die mit jeglicher Offensivarbeit überfordert

sind und auch für ein Tempodribbling zu langsam und unsicher. Diese Spieler haben dann lediglich die Aufgabe nach einem Ballgewinn so schnell wie möglich ein sicheres Abspiel zu suchen. Wichtig ist aber, dass der Ball nicht in den Abwehrreihen gehalten wird, sondern sofort das Spiel nach vorne gesucht wird.

Wird der Ballgewinn in der hintersten Abwehrreihe erzielt, sind oft alle Mannschaftsteile direkt oder indirekt an einem Konter beteiligt.

Hat ein Abwehrspieler den Ballbesitz erkämpft und ist gleichzeitig dribbelstark, kann er durch ein kurzes Tempodribbling mehrere Gegenspieler auf sich konzentrieren und bereitet freie Anspielmöglichkeiten im Sturm vor. Seine Mitspieler rücken schnell vor, die Offensivkräfte suchen den freien Raum und der Gegner hat kein Zeit mehr, sich zu formieren.

Wie schon erwähnt, kann ein Konter auch in Unterzahl gefährlich sein, wenn er gezielt und genau vorgetragen wird.

Hier nimmt der Torwart ein besondere Rolle ein. Hat er den Ball sicher gehalten oder erobert, sieht man oft sein langsames Abspiel.

Nein, der Torwart soll hier blitzschnell den Ball wieder ins Spiel bringen, damit die gegnerische Abwehr sich nicht formieren kann.

Dieses muss dem Torwart bewusst gemacht und im Training gezielt gefördert werden.

Er sollte im Training genaue Abwürfe und Abschläge immer wieder üben. In vielen Amateurmannschaften wird dieses viel zu wenig trainiert.

# Schnelles Umschalten
von Abwehr auf Angriff

In Trainingsspielen bekommt der Torwart z.B. die Option, wenn er den Ball erobert, hat er ein sofortiges Abspiel zu suchen.

Zusätzlich kann vereinbart werden, dass nur nach vorne gespielt oder gedribbelt werden darf (hierbei empfiehlt es sich ohne Abseits zu spielen). Jetzt müssen die Spieler das Risiko suchen, gehen in den direkten Zweikampf, suchen den Doppelpass oder den freien Raum vor dem gegnerischen Tor.

Diese Trainingsform stärkt zudem das Selbstvertrauen der Spieler für die Offensivarbeit.

 # Umschalten / Konter

Das Umschalten bedeutet das Wechseln von Abwehr- auf Angriffsverhalten bei Ballgewinn und Angriffs- auf Abwehrverhalten bei Ballverlust.

Jetzt könnten spitzfindige Menschen behaupten, Konter und das Umschalten von Abwehr- auf Angriffsverhalten ist ja das Gleiche.

Diese Aussage enthält aber nur eine Teilwahrheit. Der Konter ist immer auch mit einem Umschalten von Abwehr- auf Angriffsverhalten verbunden, umgekehrt aber nicht.

Das Umschalten in die Offensive bei Ballgewinn muss nicht, wie beim Konter, immer sofort erfolgen.

Hier kann, z.B. der Ball erst einmal der Ball in den eigenen Reihen gehalten werden, weil die Mannschaft Zeit gewinnen will, sich sortieren muss, eine Erholungsphase braucht, der schnelle Angriff zu diesem Zeitpunkt sinnlos ist, der Gegner geschickt zustellt und sofort organisiert ist oder sich der schnelle Angriff festgerannt hat.

Das schnelle Umschalten von Angriffs- auf Abwehrverhalten ist logischerweise das beste Mittel gegen Konter und braucht eine gute Fitness aller Spieler.

Im Profifußball und den höheren Amateurklassen ist die Schnelligkeit des Umschaltens von Offensive auf Defensive und umgekehrt sehr oft spielentscheidend.

Hier fallen über 70% aller Tore, weil die betreffenden Mannschaften zu diesem Zeitpunkt nicht korrekt gegen einen Konter organisiert sind.

Das schnelle Umschalten von Angriffs- auf Abwehrverhalten beinhaltet nicht nur das Zurückziehen in die eigene Hälfte, um aus einer kompakten Position den Ballgewinn wieder

einzuleiten und das eigene Tor zu schützen, sondern kann auch durch ein gezieltes Pressing eingeleitet werden.

Das Pressing wird in diesem Buch nicht in allen Einzelheiten behandelt. Eine ausführliche Abhandlung dieser taktischen Variante liegt in unserem Buch „Pressing mit System" vor.

Konter und ein schnelles und gezieltes Umschalten in beide Richtungen sollten schon ab der Jugend trainiert werden. Aber auch mit Seniorenmannschaften in den unteren Amateurligen, können hiermit noch erhebliche Leistungssteigerungen erzielt werden.

Training von Konter und schnellem Umschalten können hervorragend mit Spielfreude, Zweikampfverhalten, Doppelpassschulung, Hinterlaufen, Übergeben/Übernehmen, weite Pässe, intensive Konditionsschulung, auch aus dem Trainingsspiel heraus, usw. trainiert werden.

 # 1. Training des Konterspiels

Training des Konterspiels (schnelles, gezieltes und organisiertes Umschalten von Abwehr auf Angriff)

1. Torwart

Der Torwart ist oft der erste Spieler, der einen Konter direkt einleitet. Er hat einen Torschuss oder einen Kopfball sicher gehalten und erkennt, dass die gegnerische Mannschaft nicht komplett oder sofort auf ein organisiertes Abwehrverhalten umschaltet. Er sieht total freie Anspielstationen, die er sofort mit einem Abwurf oder Abschlag bedient.

Es könnte aber auch sein, dass ein gegnerischer Spieler sich beispielsweise den Ball kurz vor dem Torabschluss zu weit vorlegt und der Torwart mit einem direkten Pass den Mitspieler sucht.

Eine Mannschaft, die einen Torwart mit großem Überblick besitzt, der gleichzeitig nicht nur gut „hält", sondern genaue Pässe, Abstöße, Abwürfe und Abschläge tätigen kann, hat einen elften Feldspieler auf dem Feld.

Diese Mannschaft spielt also in einer permanenten Überzahl, zumindest in der Abwehr.

Torwart und Grundlagentraining des Konters

- Der Torwart trainert Innenseitstoß, Innenspannstoß und Vollspannstoß wie die Feldspieler, schon von frühester Jugend an.
- Abschläge und Abwürfe werden immer systematisch trainiert (Weite und Genauigkeit).

1. Training des Konterspiels

Abwurfübung

Der Torwart erlernt in der Jugend die Grundtechnik des Abwurfs. Im Laufe seiner Entwicklung wird die Wurfgenauigkeit und die Abwurfweite systematisch trainiert. Bei der ersten Übung beispielsweise steht der Torwart mit vielen Bällen im Sechzehner. Nun wirft er einen Ball nach dem anderen abwechselnd möglichst genau zu Fahnenstangen, die links, zentral und rechts vorm Strafraum aufgestellt werden. Die Entfernung wird dabei langsam vergrößert und seiner maximalen Reichweite angepasst.

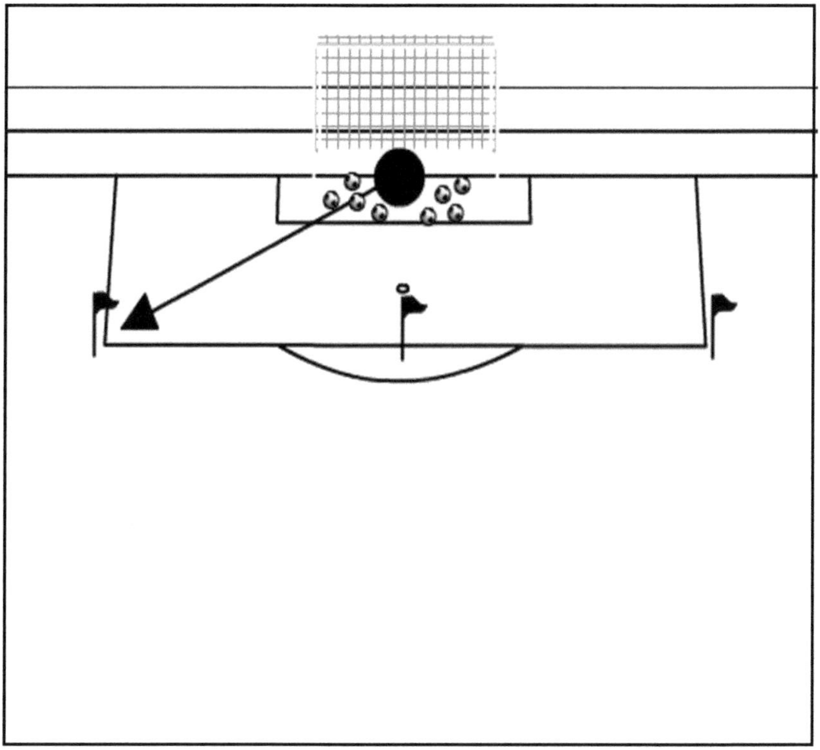

 # 1. Training des Konterspiels

Variationen und Erhöhung des Schwierigkeitsgrades der vorhergehenden Übung

- Die vorige Übung wird gleich durchgeführt, nun werden aber die Bälle 14 – 16 Meter zentral vor dem Tor von einem Mitspieler aus beiden Händen heraus mit dem Vollspann zugeschossen. Die Schusskraft ist nur mittelstark, und der Ball soll hoch oder halbhoch relativ nah an den Torwart geschlagen werden. Er steht dabei zentral auf der Grundlinie.
Der Torwart fängt den Ball sicher, läuft einige Meter mit dem Ball nach vorn oder zur Seite, und wirft den Ball wie in der vorhergehenden Übung gezielt zu den Fahnenstangen.

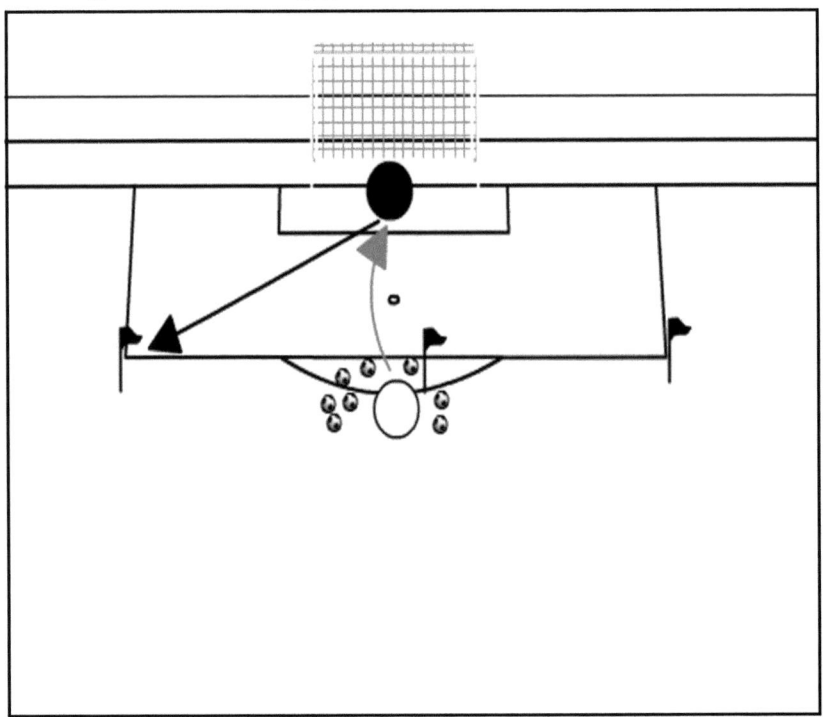

1. Training des Konterspiels

- Jetzt wird der Ball von 16 – 20 Metern auf das Tor geschossen. Der oder die Schützen sollen ernsthaft ein Tor erzielen wollen. Kann der Torwart den Ball halten und kontrollieren, wirft er wie bei den anderen Übungen den Ball ab.

- Die letzte Übung wird wieder wie zuvor durchgeführt, nur diesmal werden die drei Fahnenstangen durch drei Mitspieler ersetzt. Nach einem genauen Abwurf auf einen dieser Mitspieler, starten diese einen Konter auf das gegnerische Tor, das von einem Torwart und zwei Mitspielern verteidigt wird. Während des Angriffs postieren sich drei neue Spieler für den nächsten Angriff, der erst gestartet wird, wenn der vorige abgeschlossen oder abgewehrt worden ist.

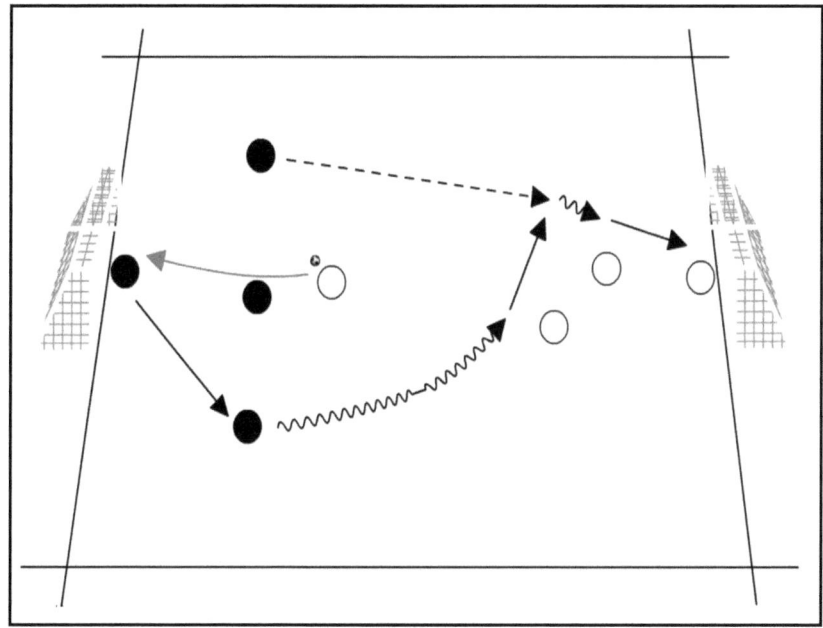

 # 1. Training des Konterspiels

- Bei Trainingsspielen soll der Torwart sofort, wenn er in irgendeiner Art und Weise den Ball sicher abfängt und kontrollieren kann, den Konter mit einem Abwurf einleiten. Seine Mitspieler müssen ihm natürlich sofort Anspielmöglichkeiten dazu schaffen.

Alle vorherigen Übungen werden in gleicher Weise, jetzt nur mit Torabschlag, trainiert. In der Ausbildung des Torwarts ist der Torabschlag von großer Bedeutung. Er soll nicht nur in „Kerzenform" ausgeführt werden, sondern mehr in horizontaler als in vertikaler Richtung. Hierdurch kann eine größere Weite und höhere Zielgenauigkeit erreicht werden. Weiterhin ist der Torabschlag in dieser Ausführung für die Spieler besser zu verwerten.
Die Gründe, warum wir vom Torabstoß keinen Konter trainieren, dürften klar sein.

 # 2. Elementarste Übungen des Konterspiels

---

Elementarste Übungen für das Konterspiel / Umschalten von Abwehr auf Angriff

Einfachste Übungen, die nur die Schusskraft, Schussgenauigkeit, Dribbelstärke oder die Grundschnelligkeit usw. trainieren, werden hier selbstverständlich nicht mehr abgehandelt.

- Die Spieler stehen 40 – 60 Meter hintereinander zentral vor einem besetzten Tor mit jeweils einem Ball. Nacheinander dribbeln sie nun mit höchster Geschwindigkeit auf das Tor zu und schließen mit einem Torschuss aus 16 – 20 ab.

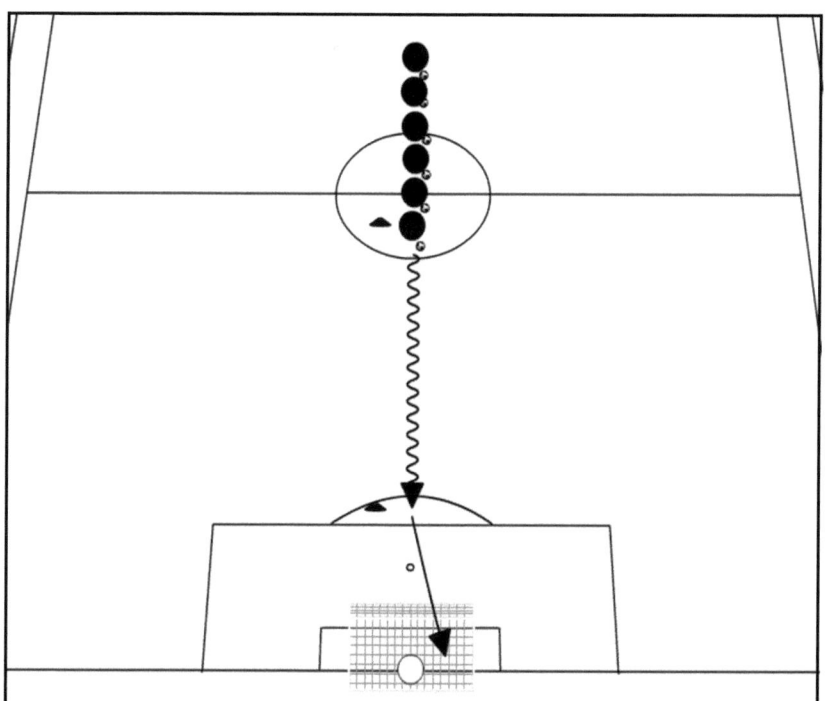

 # 2. Elementarste Übungen des Konterspiels

Merke: Die einzelnen Entfernungen, die wir zu den Übungen angeben, beziehen sich auf den Seniorenbereich, und sind den jugendlichen Altersklassen entsprechend anzupassen.

- Hier erfolgt die gleiche Übung von der rechten und linken Seite. Die Fußballer laufen wieder mit höchster Geschwindigkeit auf das gegnerische Tor zu. Sie suchen aber mit dem diagonalen Laufweg zum Tor den kürzesten Weg.

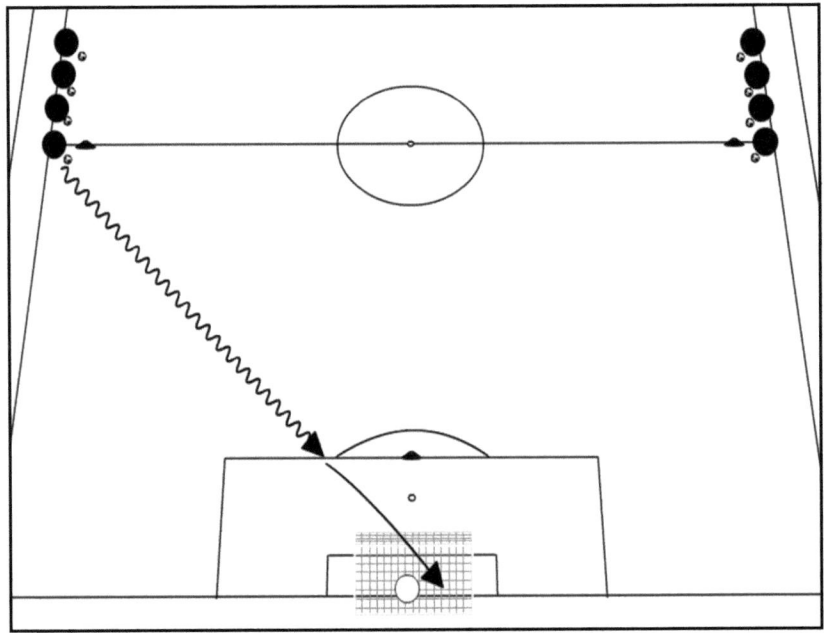

- Die gleichen Übungen werden durchgeführt, aber diesmal mit einem Gegenspieler, der etwa 30 Meter vor dem Tor steht. Dieser soll umspielt werden, wobei er zuerst nur „teilaktiv" einschreitet, im weiteren Verlauf der Übung aber wie in einem Wettspiel eingreift (natürlich ohne „Notbremse").

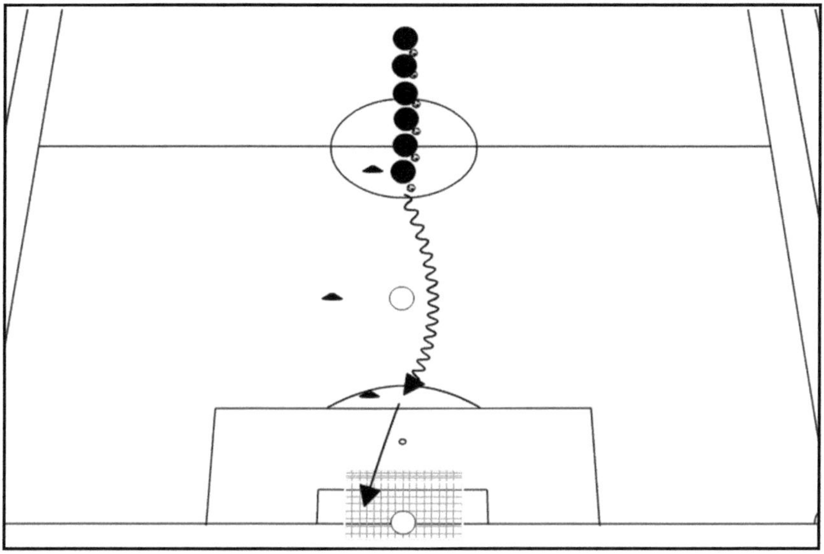

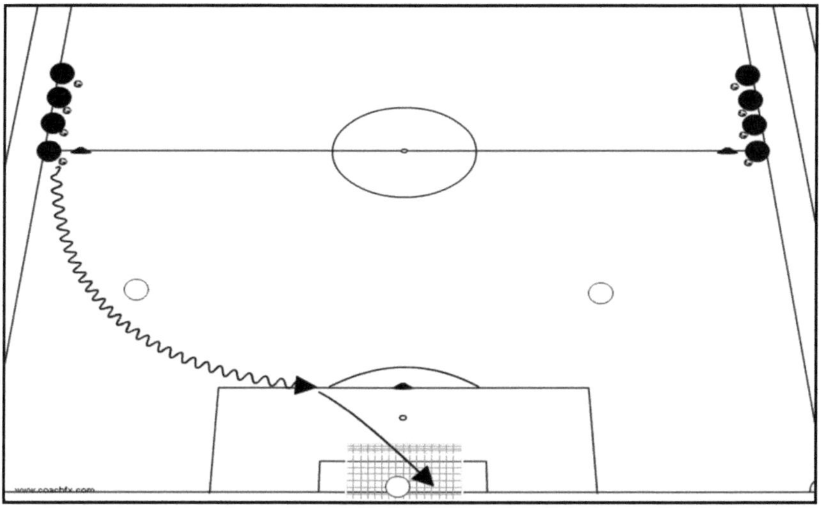

- Ein Spieler startet 60 Meter zentral vor dem Tor zu einem Dribbling, kurz hinter der Mittellinie schlägt er einen Pass auf einen Mitspieler, der auf der linken oder rechten Außenbahn

2. Elementarste Übungen des Konterspiels

zu einem Sprint startet.

Der Mitspieler ist dabei auf der gleichen Höhe oder etwas vor dem Passgeber. Das Abspiel erfolgt nach vorn in den Lauf des Mitspielers.

Hierbei wird darauf geachtet, das er den Ball vor der Torauslinie erreicht, gleichzeitig aber nicht vom Torwart abgefangen werden kann.

Der Pass wird je nach Aufgabenstellung hoch oder flach gespielt.

Nachdem der Spieler den Ball erlaufen und kurz kontrolliert hat, schlägt er die Flanke auf den mitgelaufenen Passgeber.

Der Torwart darf aktiv eingreifen. Er bekommt sogar die Aufgabe, Bälle zu erlaufen, wenn die Pässe auf den Außenspieler zu weit geschlagen werden.

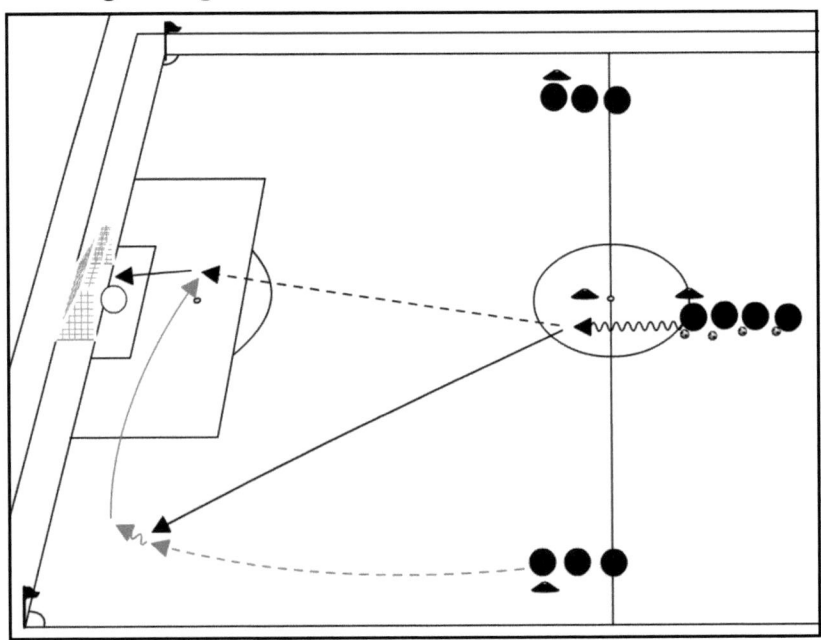

2. Elementarste Übungen des Konterspiels

- Hier wird die gleiche Übung trainiert, nur muss diesmal der Pass über einen passiven Gegenspieler erfolgen. Dieser steht seitlich etwa 20 Meter vor dem Passgeber, natürlich auf der Seite des Außenstürmers.

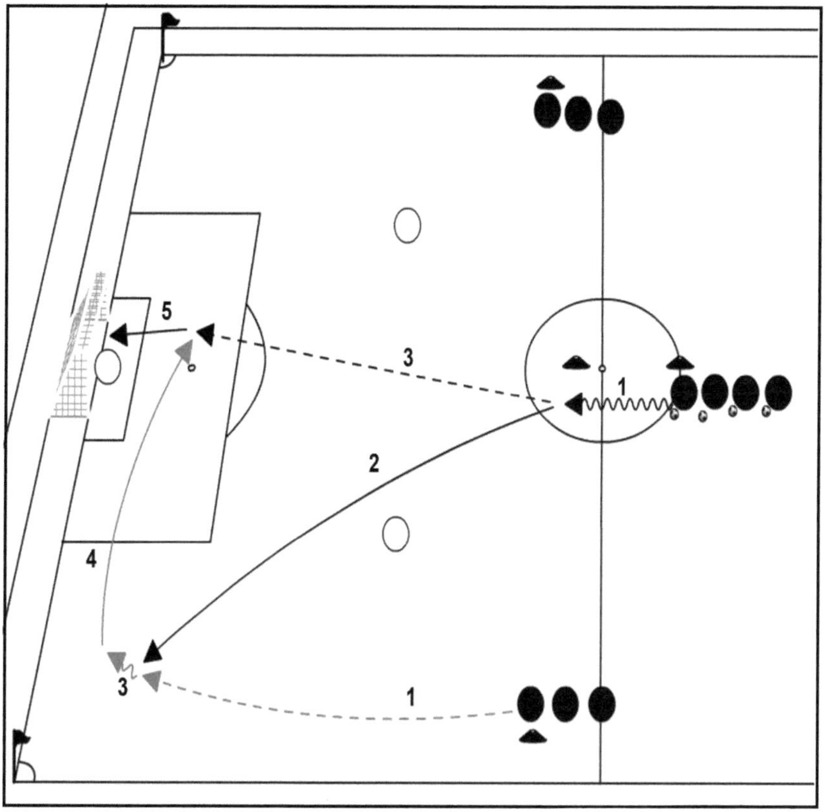

- Der Schwierigkeitsgrad der Übung wird weiter erhöht. Der Pass erfolgt wieder über den passiven Gegenspieler. Jetzt laufen aber der Passgeber und ein weiterer Mitspieler zentral auf das Tor zu. Hier werden sie aber nicht nur vom Torwart erwartet, sondern auch von einem Verteidiger.

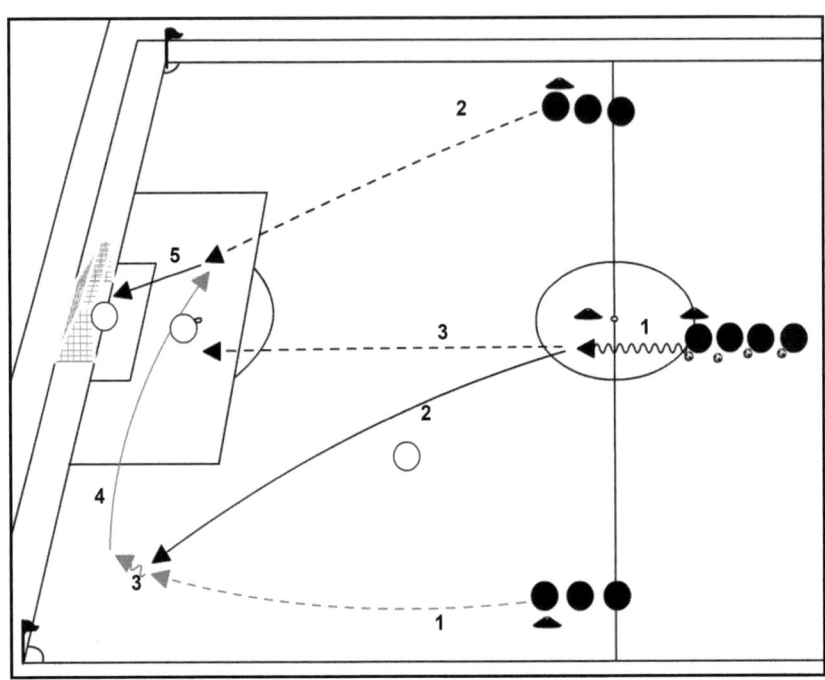

- Die Übung wird noch einmal schwieriger. Jetzt darf der passive Gegenspieler aktiv eingreifen. Nachdem der Außenstürmer an ihm vorbeigelaufen ist, dreht er sich blitzschnell, läuft diesem nach, und versucht ihn an der Flanke zu hindern.

- Bei dieser Variante ist die Übung etwas statischer. Hierbei ist der Passgeber immer dieselbe Person. Die Außenstürmer und Flankengeber wechseln immer ab. Die beiden Stürmer zentral warten immer wieder auf die Flanke, wie auch der Verteidiger und der Torwart. Alles andere bleibt identisch.

2. Elementarste Übungen des Konterspiels

- Wichtige elementare Grundübung

An dieser Stelle möchten wir eine der wichtigsten Grundübungen für den Konter und den Angriffsfußball allgemein beschreiben, die immer wieder in irgendeiner Form in das Training eingebaut werden sollte (auch hervorragend geeignet für ein Stationentraining).
Diese Übung kann bereits ab der D-Jugend trainiert werden. Im Idealfall können zwei Mitspieler mit diesem Verhalten eine gesamte Hintermannschaft ausschalten.

Übungsablauf: Ein Fußballer dribbelt auf einen Mitspieler zu, etwa 20 Meter vor ihm spielt er einen genauen Flachpass. Der Mitspieler steht frontal zum Passgeber, läuft dem Pass entgegen, spielt direkt zurück, dreht sich blitzschnell um 180 Grad und läuft in die entgegengesetzte Richtung (im Idealfall in vollem Sprint). Der ursprüngliche Passgeber spielt nun einen gefühlvollen Vollspannstoß, ebenfalls direkt über den sich entfernenden Mitspieler in den Lauf.
Diese Übung hört sich für Einige vielleicht sehr einfach an, ist aber in der Praxis sehr schwierig umzusetzen und erfordert in den Jugendklassen und unteren Amateurklassen sehr viel Geduld.
Die Übung wird anfangs langsam durchgeführt und häufig wiederholt. Die Ausübung dieser Übung empfiehlt sich auf Rasen oder Kunstrasen, da der Ball hier „tiefer getroffen wird" und bei einem Scheitern des Vollspannstoßes der Ball weniger weit rollt.
In der Praxis muss dieser Pass natürlich nicht immer mit dem Vollspannstoß geschlagen werden. Es gibt viele Spieler, die

2. Elementarste Übungen des Konterspiels

diese Situation besser mit einem Innenspann- oder Innenseitstoß lösen können (wobei der Innenseitstoß auf einem Aschenplatz hier sehr schwierig anzuwenden ist, zumindest in Bezug auf die Höhe der Flugbahn des Balles).
Je sicherer diese Grundübung durchgeführt werden kann, desto mehr können die Geschwindigkeit und die Entfernungen gesteigert werden.

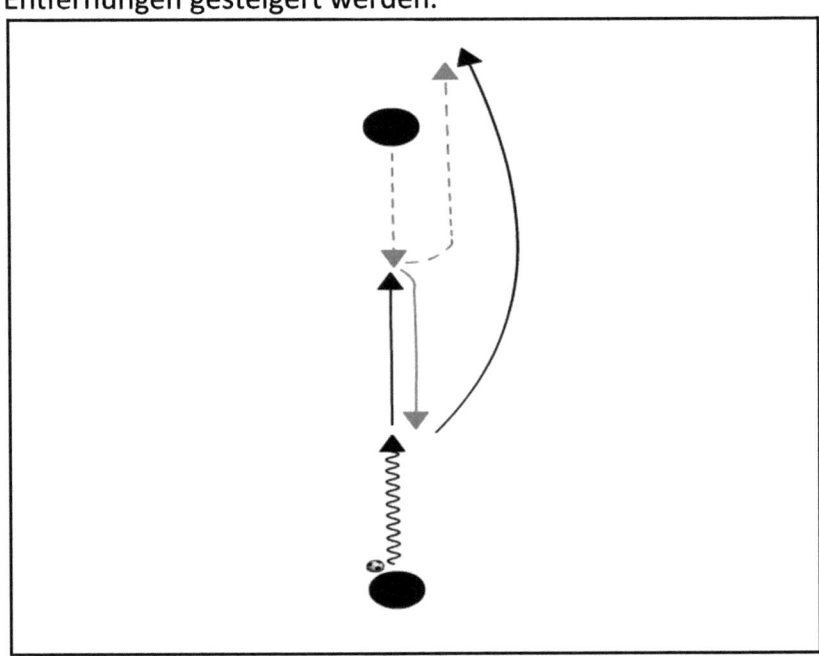

- Jetzt wird die gleiche Übung durchgeführt, allerdings mit einem Torabschluss. Nach dem gefühlvollen Pass über den sich entfernenden Mitspieler in den Lauf, nimmt dieser den Ball an und schießt aus 17 – 20 Meter Entfernung auf das besetzte Tor.
Der Torabschluss erfolgt auch, wenn der Pass ungenau war.

2. Elementarste Übungen des Konterspiels

Der Mitspieler soll jetzt den Pass so schnell wie möglich erlaufen und den Torabschluss suchen.

- Die vorige Übung wird wiederholt, aber der Schwierigkeitsgrad weiter erhöht.
Ein Spieler dribbelt wieder auf einen Mitspieler zu, etwa 20 Meter vor ihm spielt er einen genauen Flachpass. Der Mitspieler steht frontal zum Passgeber, läuft dem Pass entgegen, gefolgt von einem Gegenspieler, der nur „teilaktiv" eingreift. Der Passempfänger spielt unter der leichten Bedrängnis den Ball wieder direkt zurück, dreht sich blitzschnell um 180 Grad und läuft mit höchster Geschwindigkeit in die entgegengesetzte Richtung auf das Tor zu. Der ursprüngliche Passgeber spielt nun den gefühlvollen Pass über den sich entfernenden Mitspieler in den Lauf. Dieser schließt wieder mit einem Torschuss ab.

- Bei der letzten Steigerung dieser Übungsreihe muss der Mitspieler nicht nur den Torabschluss suchen, sondern vorher einen weiteren Gegenspieler ausspielen, der etwa 20 – 25 Meter vor dem Tor postiert ist. Der Rest wird wie bei der vorigen Übung durchgeführt.

Bei diesen Übungen empfiehlt es sich, die Gegenspieler mit „festen Positionen" zu belegen. Die jeweiligen Entfernungen für die Pässe und Torschüsse, sowie der Schwierigkeitsgrad der Übung, werden der Leistungsstärke und der Schusskraft angepasst.

2. Elementarste Übungen des Konterspiels

- 3 gegen 1

Diese elementare Übung schult das schnelle Umschalten von Abwehr auf Angriff bzw. das sofortige Anbieten und Schaffen von Anspielmöglichkeiten.

Unsere Praxisarbeit hat gezeigt, dass diese Übung spätestens im zweiten Jahr der F-Jugend praktiziert werden kann. Die Übung bildet den ersten Schritt in Richtung Dreiecksbildung und sollte so häufig wie möglich praktiziert werden.
Es wird ein Viereck mit Hütchen abgesteckt. 3 Spieler besetzen jeweils ein Hütchen und sind im Ballbesitz. Der eine Gegenspieler versucht in Ballbesitz zu kommen. Hier reicht bereits die Berührung des Balles, um mit einem Spieler die Aufgabe zu tauschen.
Es sollte vermieden werden durch die Mitte zu spielen. Die Spieler müssen so verschieben, dass der Spieler im Ballbesitz immer zu beiden Seiten hin eine Anspielstation hat. Öfter die Aufgaben tauschen!

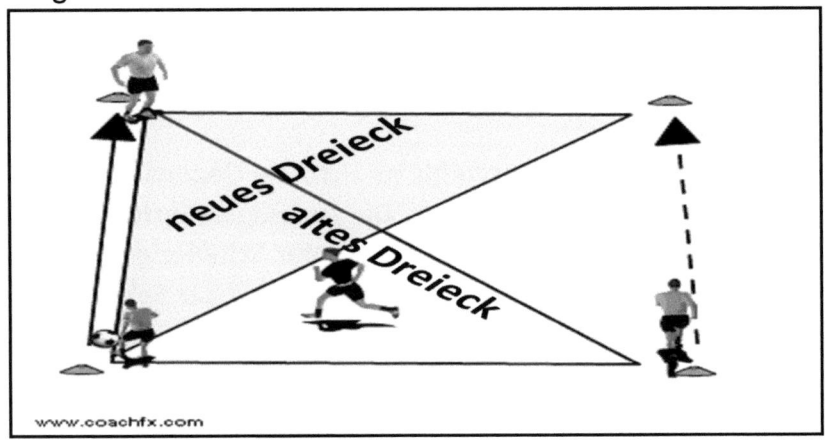

2. Elementarste Übungen des Konterspiels

- Die folgende Übung setzt sich aus mehr als drei Angreifern zusammen, passt aber perfekt in die zuletzt aufgeführte Übungsreihe. Deswegen wird sie hier beschrieben.

Auf einem Kleinfeld spielen zwei Mannschaften mit besetzten Toren gegeneinander. Die eine Mannschaft hat fünf Feldspieler, die andere aber nur vier. Erobert die Mannschaft in Überzahl den Ball, muss immer ein Rückpass erfolgen.

Der Mitspieler, der diesen Pass erhält, muss einen direkten Pass nach vorn spielen (nur so dürfen sie ein Tor schießen). D.h., wenn der Rückpass erfolgt, suchen die angreifenden Spieler sofort die „freien Räume". Es wird ohne Abseits gespielt.

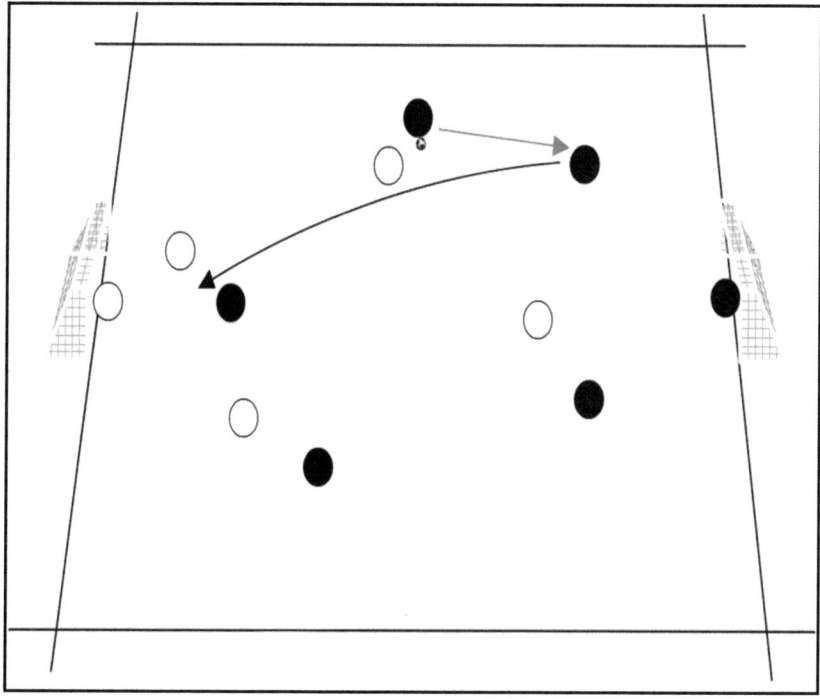

2. Elementarste Übungen des Konterspiels

- Torschuss

Im abgesteckten Spielfeld spielen zwei Spieler 1 gegen 1. Ein neutraler Spieler fungiert als Anspielstation. Hinter jedem Tor wartet ein weiterer Spieler, der dann mit seinem Partner nach einer bestimmten Zeit oder nach Torerfolg die Rollen tauscht. Ziel der Übung ist der schnelle Torabschluss. D.h. Doppelpass oder Finte und Torabschluss. Erfolgt kein schneller Torabschluss, wird die Aktion abgebrochen und die nächsten Spieler sind an der Reihe.

Es wird immer im Wechsel angegriffen. Jeder Spieler greift einmal an, und verteidigt danach sofort.

Der Torabschluss sollte hier flach ins Eck erfolgen.

Um die Motivation hoch zu halten, sollte die Übung als Wettkampf ausgetragen werden. So ist auch gewährleistet, dass die Abwehrspieler ihr Bestes beim Verteidigen geben und wir so Wettkampfbedingungen erhalten.

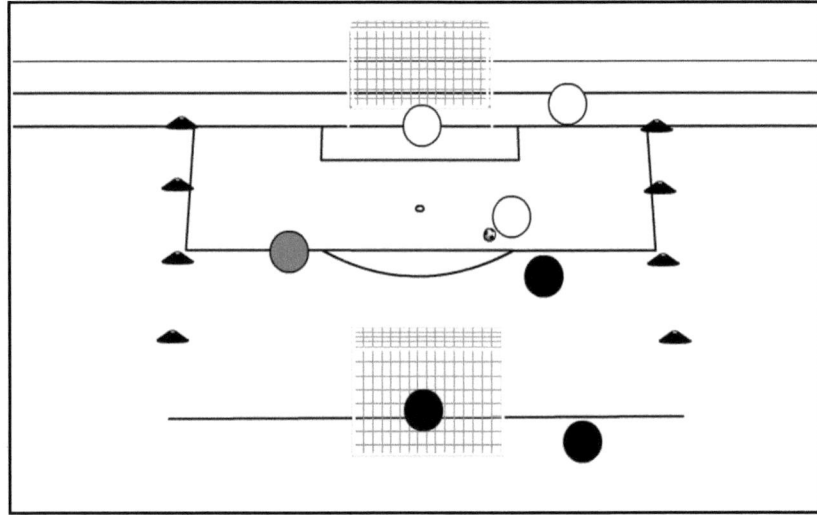

2. Elementarste Übungen des Konterspiels

- Torschuss 2

Der Anspieler (schwarz) mit Ball dribbelt in Richtung gegnerisches Tor und versucht, seinen Mitspieler (Stürmer) in Szene zu setzen. Der Stürmer versucht einen Torschuss oder legt wieder auf den Anspieler ab, der jetzt aufs Tor schießen muss. Nach der Aktion holt der Anspieler den Ball und stellt sich wieder an seine Startposition. Der Stürmer wechselt die Position mit seinem Mitspieler, der neben dem gegnerischen Tor steht. Jetzt startet der weiße Spieler mit Ball auf das andere Tor usw. Alle Positionen sollten nach einiger Zeit gewechselt werden. Erfolgt kein schneller Torabschluss, wird die Aktion abgebrochen und die nächsten Spieler sind an der Reihe. Der Torabschluss sollte hier flach ins Eck erfolgen.

Auch hier gilt:
Wettkampfcharackter der Übung steigert die Motivation.

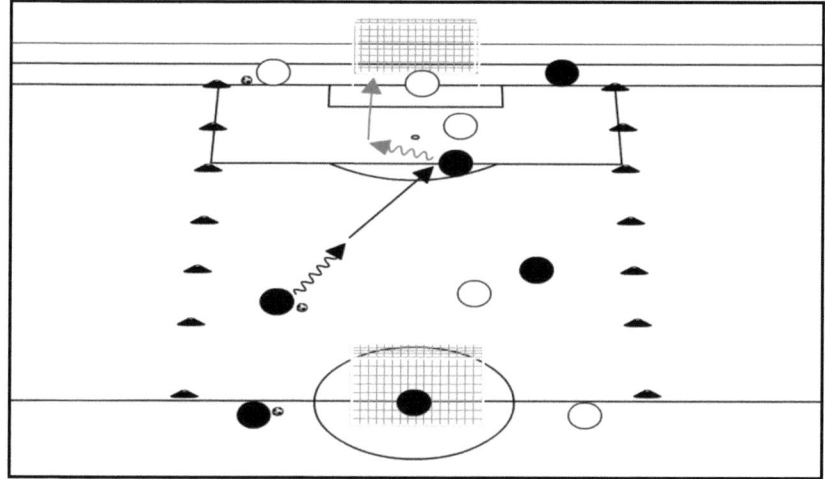

2. Elementarste Übungen des Konterspiels

- Torschuss 3

Übungsaufbau: Eine Zweikampfzone mit 4 Hütchen abstecken (siehe Grafik). 2 Gruppen bilden (Stürmer und Verteidiger). Der mittlere Stürmer mit Ball.

Übungsablauf:

- Der zentrale Stürmer im Viereck versucht sich vom Verteidiger zu lösen, um einen Passweg innerhalb des Vierecks zu schaffen (der erste Pass an den zentralen Stürmer muss innerhalb des Vierecks angenommen werden!!!).

- Der Mitspieler mit Ball spielt den Pass zum zentralen Stürmer oder zu den Außenstürmern.

- Bedient er einen Außenstürmer, so kann er das Viereck verlassen und die Flanke verwerten.

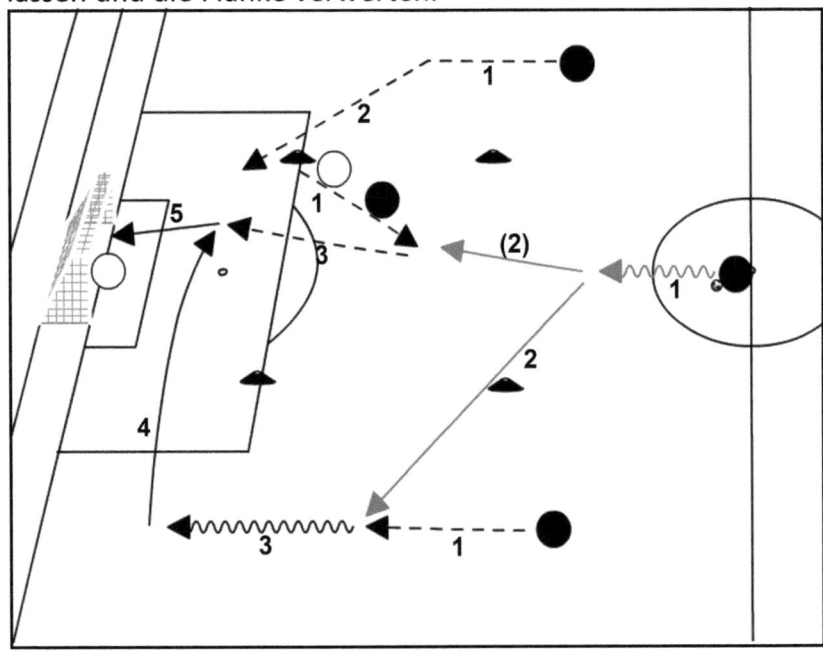

36

2. Elementarste Übungen des Konterspiels

- Flanken aus einer Spielkombination

Übungsaufbau: 4 Hütchen, wie in der Grafik, aufstellen. An allen Hütchen, außer dem an der Außenlinie, gleichgroße Gruppen bilden. Die Spieler in der Höhe des Mittelkreises erhalten alle jeweils einen Ball.

Übungsablauf: Auf ein Trainerkommando dribbelt der erste Spieler mit Ball in Richtung seines MItspielers und passt diesen an. Der Mitspieler läuft dem Ball entgegen und lässt das Anspiel abklatschen. Der erste Spieler passt den Ball direkt weiter auf seinen Außenstürmer, der auch beim Trainerkommando gestartet ist. Er nimmt den Ball an, dribbelt weiter bis zum Hütchen, und flankt auf seine beiden Mitspieler, die in den Strafraum gesprintet sind.

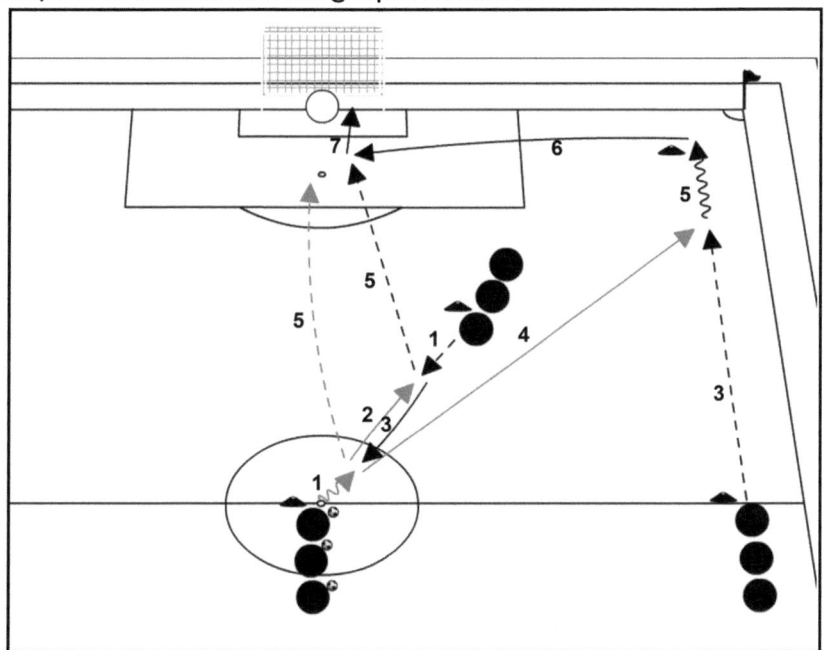

3. Übungen für das Umschalten

**Übungen für Umschalten von Abwehr auf Angriff (Konter)
/ Umschalten von Angriff auf Abwehr**

Auf einem Kleinfeld mit besetzten Toren versuchen fünf Angreifer gegen drei Verteidiger ein Tor zu erzielen. Links und rechts neben dem Tor der Verteidiger steht noch jeweils ein Spieler (ein Spieler mit Ball).

Bei jeglichem Ballverlust (z.B. durch einen Ausball, Fehlpass, Torerfolg usw.) müssen zwei Stürmer den Platz verlassen.

Jetzt werden die drei Verteidiger zu Stürmern, und werden dabei von den beiden Spielern neben ihrem Tor sofort unterstützt. Diese beiden Mitspieler werden sofort zu Stürmern. Bei einem "Ausball" oder einem Tor bringt einer dieser beiden Spieler einen Ball sofort mit ins Geschehen und leitet den Angriff ein. Bei einem Ballverlust der Angreifer, bei dem der Ball im Spiel bleibt, leiten die Verteidiger auf dem Feld den Angriff ein, die Spieler neben dem Tor stoßen sofort zu dem Überzahlangriff hinzu.

Wird hier wieder der Ball verloren oder mit einem Tor abgeschlossen, wechselt die angreifende Mannschaft. Sie wird wieder von zwei weiteren Spielern unterstützt, und die jetzt wieder verteidigende Mannschaft nimmt zwei Spieler vom Feld.

Es empfiehlt sich, hier mit drei „festen Verteidigern" zu spielen. Diese wechseln also permanent von Verteidigung auf Angriff und umgekehrt. Bei jedem Angriffswechsel wird die angreifende Mannschaft also von zwei "frischen" Stürmern ergänzt.

3. Übungen für das Umschalten

Hier wird nicht nur der Konter trainiert, sondern auch das schnelle Umschalten von Angriff auf Abwehr und die fußballspezifische Ausdauer.

Nach einer gewissen Zeit werden die drei Stammspieler jeder Mannschaft ausgetauscht.

Diese Übung macht allen Spielern erfahrungsgemäß sehr viel Spaß und beinhaltet einen enormen Lernprozess.

Variationen: Die gleiche Übung kann auch mit drei Angreifern gegen zwei Verteidiger gespielt werden, bzw. auch in anderen Kombinationen wie 2 gegen 1.

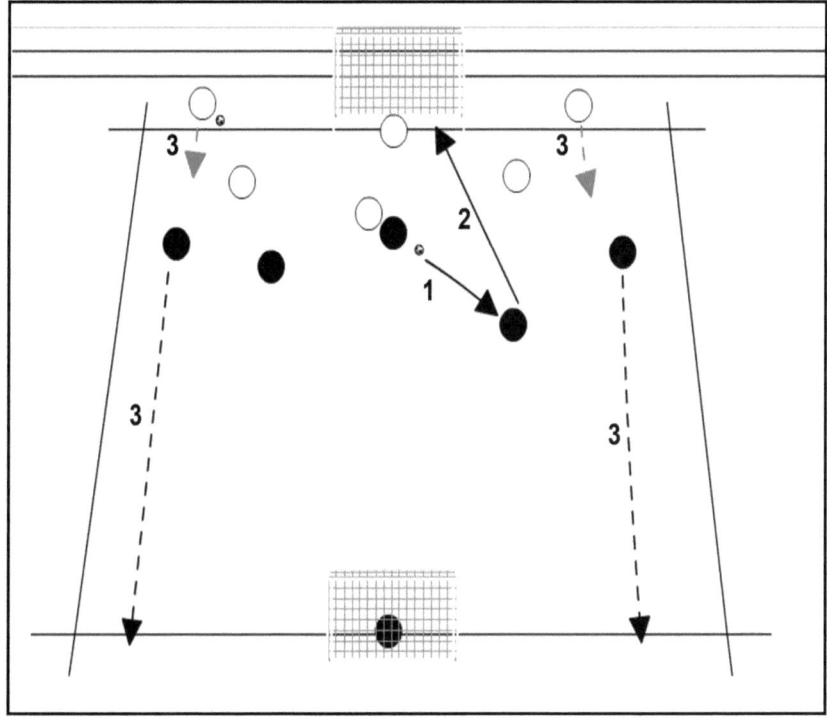

 # 3. Übungen für das Umschalten

Übungsaufbau: Jeweils ein Hütchen an den Seitenlinien in Höhe der Mittellinie aufstellen. Ein weiteres zentral an der Strafraumlinie und das vierte Hütchen zentral zwischen Mittellinie und Strafraum. Alle Hütchen werden mit Spielern einer Mannschaft besetzt. Der Stürmer C am Hütchen erhält zwei Gegenspieler und der Spieler B am Hütchen einen.

Übungsablauf: Der Torhüter spielt einen Abstoß oder Abschlag zu A, der nimmt den Ball und spielt zu B, der von seinem Gegenspieler bedrängt wird. A läuft direkt dem Ball hinterher und bekommt den Ball von B, A passt direkt zu C, der ebenfalls von seinen Gegenspielern bedrängt wird. Gleichzeitig läuft D Richtung Tor und bekommt den Ball von C in den Lauf gespielt. Dieser umspielt einen Gegenspieler (der nur anfangs "halbaktiv" spielt) und schließt mit einem Torabschluss ab.

Aufgrund der Gegnereinwirkung soll hier neben dem Torschuss, auch das Entgegenlaufen eines Passes trainiert werden.

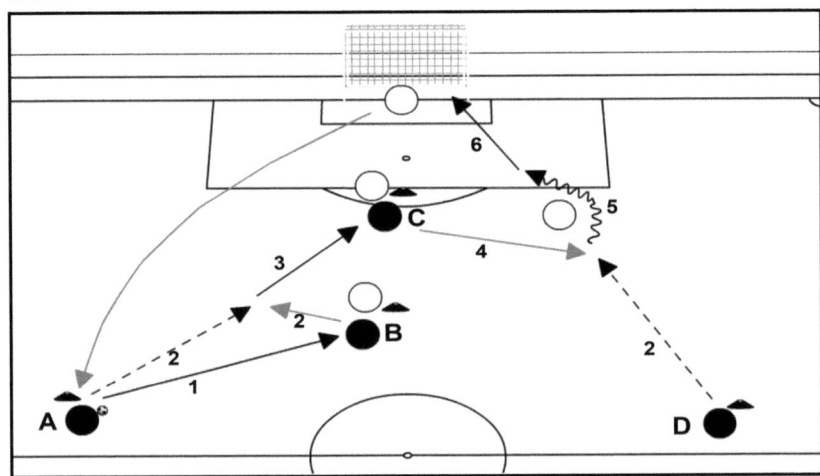

40

3. Übungen für das Umschalten

- Bei dieser Übung werden abwechselnd von der linken und rechten Seite, Flanken in den Strafraum geschlagen. Hierbei wird variiert zwischen hohem, halbhohem und flachem Zuspiel. Die Flanken erfolgen aus der Bewegung, Freistößen und Eckbällen.

Zwei Angreifer starten dabei in den Torraum, der mit vier Verteidigern und einem Torwart besetzt ist, und sollen die Flanken verwerten. Ein offensiver Mittelfeldspieler lauert hinter den Stürmern, wartet auf Distanzschüsse und sichert gleichzeitig zwei Hütchentore, links und rechts hinter sich, ab.

Fangen die Verteidiger den Ball ab, starten sie sofort einen Konterangriff in Richtung der beiden kleinen Hütchentore, und versuchen, ein Tor zu schießen.

Das Kontertor muss in einer reinen Vorwärtsbewegung erzielt werden. Bei einem Torabschluss oder erfolgreicher Abwehr durch die Stürmer und dem offensiven Mittelfeldspieler, wird erneut mit einer Flanke begonnen.

Die Übung verläuft ab der B-Jugend über die gesamte Spielfeldbreite auf das große Tor. Die Spielfeldlänge beträgt hier etwa 30 – 40 Meter.

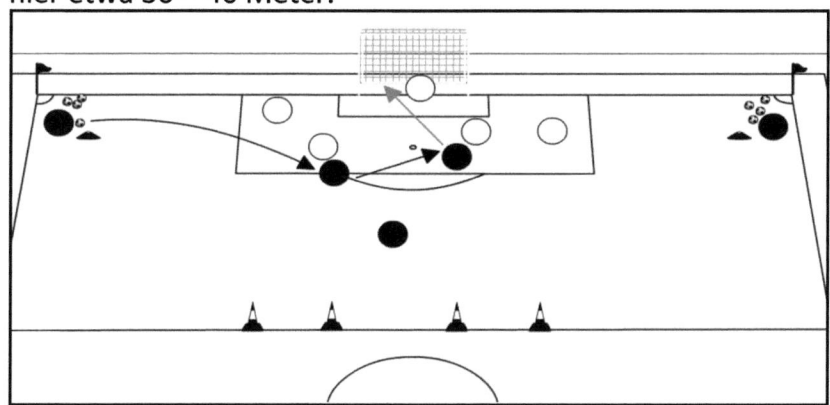

 # 3. Übungen für das Umschalten

Variationen: Es können auch zwei Angreifer gegen drei Abwehrspieler und Torwart eingesetzt werden, vier Angreifer gegen sechs Abwehrspieler und Torwart usw.

- Die folgende Übung ist höchst interessant, lehrreich, fussballspezifisch und macht allen Fußballern sehr viel Spaß.
Hierbei werden das schnelle Passspiel, Freilaufen, Direktspiel, schnelle Umschalten von Angriff auf Abwehr, schnelle Umschalten von Abwehr auf Angriff und das Konterspiel trainiert.

Die Übung kann weiterhin mit unterschiedlichsten Mannschaftsstärken gespielt werden, wie 5 : 3, 6 : 3, 7 : 4, 8 : 4, 8 : 5, 9 : 5, 10 : 5 oder 10 : 6.
Die Mannschaft in Überzahl soll den Ball so schnell wie möglich durch die eigenen „Reihen" laufen lassen und spielt auf kein Tor. Das Team in Unterzahl versucht, den Ball zu erkämpfen und spielt auf vier Hütchentore. Bei einem Ballgewinn schalten sie sofort auf Angriff um, und versuchen ein Tor zu erzielen. Die Hütchentore stehen jeweils in der Mitte der vier Seitenlinien. Die Feldgröße wird der Spieleranzahl, der Kondition und der technischen Qualität angepasst.
Nach einigen Minuten wird die Mannschaft in Unterzahl immer wieder ausgetauscht.

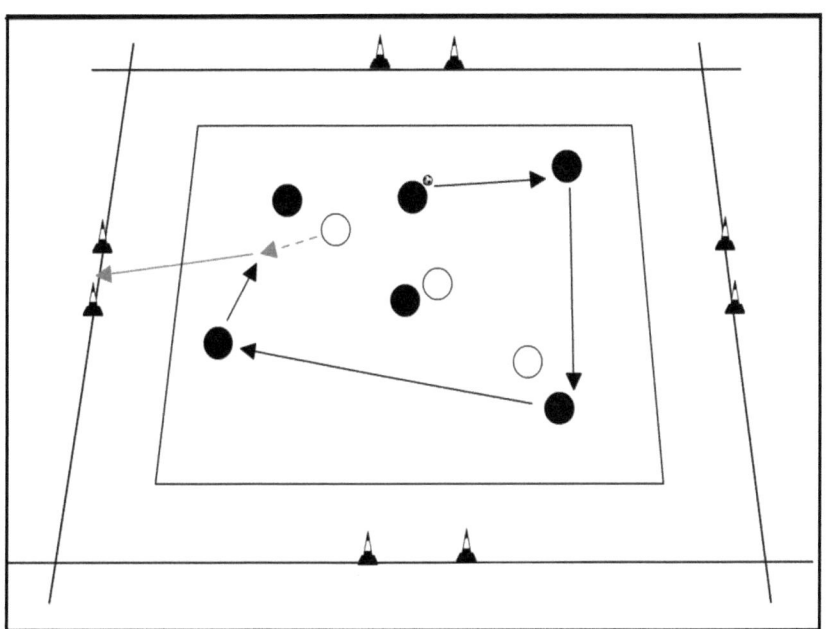

Variationen:

- Nach ein bis drei Toren wechselt die Mannschaft in Unterzahl.
- Die Mannschaft in Überzahl darf nicht dribbeln.
- Die Mannschaft in Überzahl spielt mit jeweils höchstens zwei Ballkontakten.
- Das Team in Überzahl muss direkt spielen.
- Die Mannschaft in Unterzahl spielt nur auf drei Hütchentore und das Team in Überzahl spielt auf ein „normales" Tor, das mit einem Torwart besetzt ist.
- Die Mannschaft in Unterzahl spielt nur auf zwei Hütchentore.
- Das Team in Überzahl spielt mit Gewichtswesten und macht nach jedem Tor der gegnerischen Mannschaft 10 Liegestütze.

 # 3. Übungen für das Umschalten

Bei der Beschreibung folgender Trainingsspiele / Abschlussspiele können das schnelle Umschalten und das Konterspiel hervorragend trainiert werden.

Bei allen Spielen wird ohne Abseits gespielt. Die Spielfeldgröße richtet sich nach Leistungsstand und Spieleranzahl. Die vorgegebenen Sonderregeln gelten für etwa 10 Minuten, danach geht das Spiel in die normale Regelauslage für Abschlussspiele über.

- Eine Mannschaft spielt in Überzahl. Diese Mannschaft darf nur nach vorne spielen oder vorwärts dribbeln. Bei Missachtung dieser Regeln wechselt sofort der Ballbesitz. Die Mannschaft in Unterzahl weiß nun bei einem Ballverlust, dass der Gegner aggressiv nach vorne spielt, und sie damit blitzschnell von Angriff auf Abwehr umschalten muss.

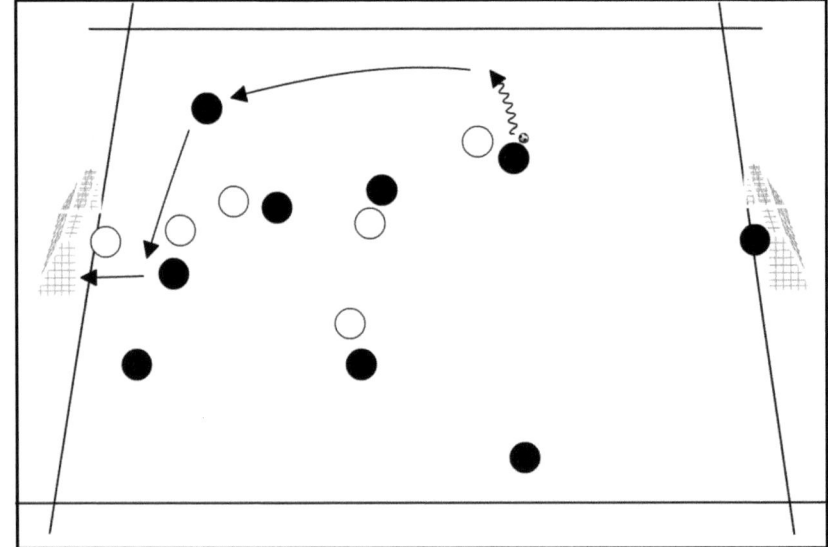

44

3. Übungen für das Umschalten

- Das Abschlussspiel wird hier in der gleichen Form durchgeführt. Allerdings werden jetzt ein bis zwei Stürmer in der Überzahlmannschaft bestimmt, die bei Ballbesitz nur dribbeln dürfen und den Torabschluss suchen müssen.

- Jetzt ist die Spieleranzahl gleich, aber beide Mannschaften dürfen nur nach vorne dribbeln und passen.

- Das vorige Trainingsspiel wird nach gleichen Regeln wiederholt, aber diesmal spielt jede Mannschaft auf zwei gegnerische Tore. Die Tore stehen dabei nebeneinander auf einer Höhe und etwa 20 Meter auseinander. Die Tore können besetzt sein oder es wird ohne Torleute gespielt. Treffer dürfen hierbei aus jeder Entfernung erzielt werden.

3. Übungen für das Umschalten

- Bei dieser Form des Trainingsspiels darf eine Mannschaft nur ein Tor erzielen, wenn alle Mitspieler (außer Torwart) sich in der gegnerischen Hälfte befinden. Bei dieser Regel sind alle Spieler mehr oder weniger gezwungen, sich ins Angriffsspiel mit einzuschalten. Des Weiteren wird hier ganz unauffällig das Training der fußballspezifischen Ausdauer eingebaut (diese Art des Abschlussspiels wird natürlich nach einem harten Konditionstraining vermieden, ein Training in den Erschöpfungszustand oder sogar in ein permanentes Übertraining könnte die Folge sein).

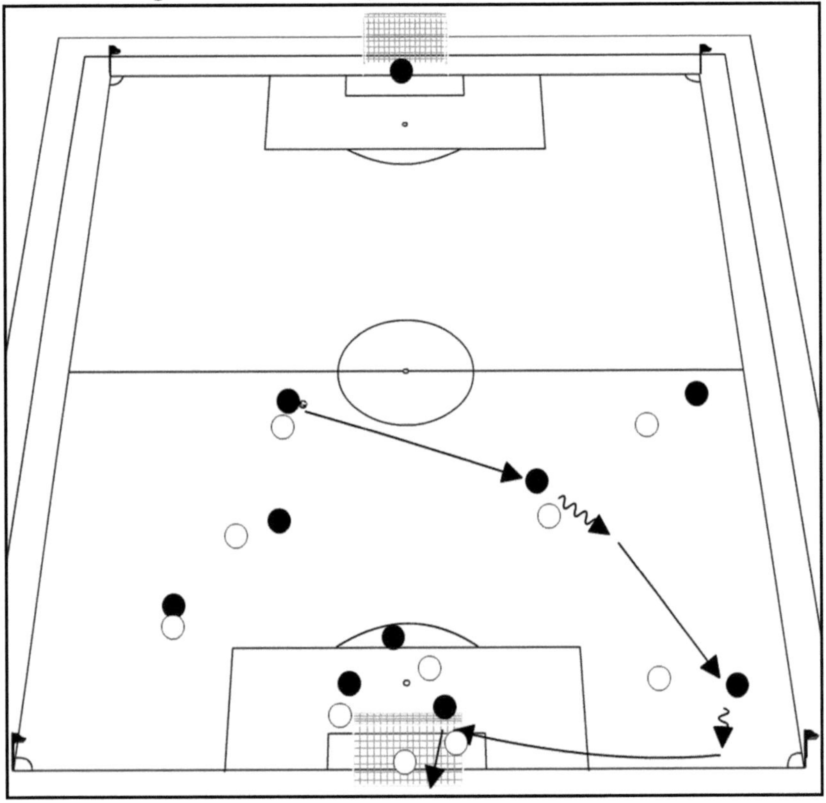

3. Übungen für das Umschalten

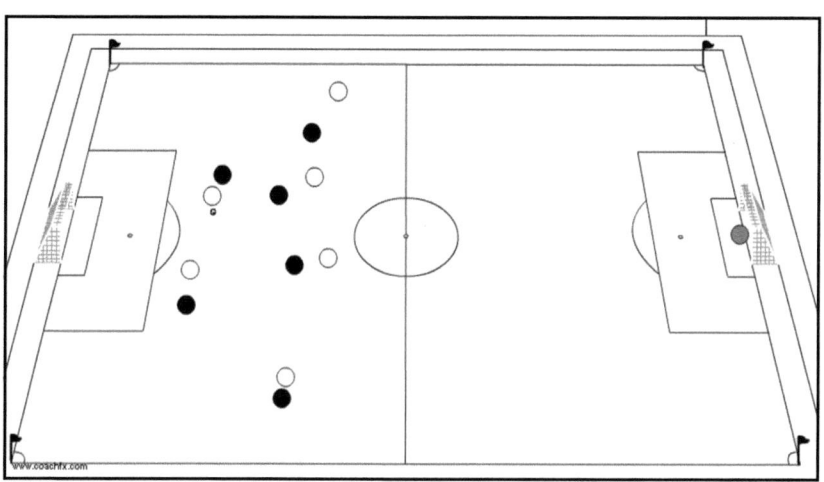

Variation:
Übungsaufbau:
- Ganzes Spielfeld
- 2 Teams mit jeweils 5-7 Spielern bilden
- Alle Spieler befinden sich in einer Hälfte, dessen Tor nicht besetzt ist.

Übungsablauf:
- Die beiden Mannschaften spielen „auf Ballhalten" gegeneinander in einer Spielfeldhälfte.
- Auf ein Trainerkommando versucht die Mannschaft in Ballbesitz einen schnellen Konter auf das mit einem Torwart besetzte Tor.
- Die andere Mannschaft versucht den Konter abzufangen.
- Nach dem Torschuss oder dem Abfangen des Konters, beginnt das Spiel wieder in der Hälfte ohne Torwart.

Diese Übung kann auch in kleineren Gruppen absolviert

werden, indem die rechte Spielfeldhälfte mit Hütchen verkleinert wird.

- Die folgende Übung trainiert hervorragend das schnelle Umschalten von Angriff auf Abwehr und umgekehrt für den Mittelfeldbereich.
Es wird ein Feld abgesteckt von 30 – 40 Metern Länge und
15 – 20 Metern Breite. Das Feld wird in drei gleich große Bereiche gedrittelt.

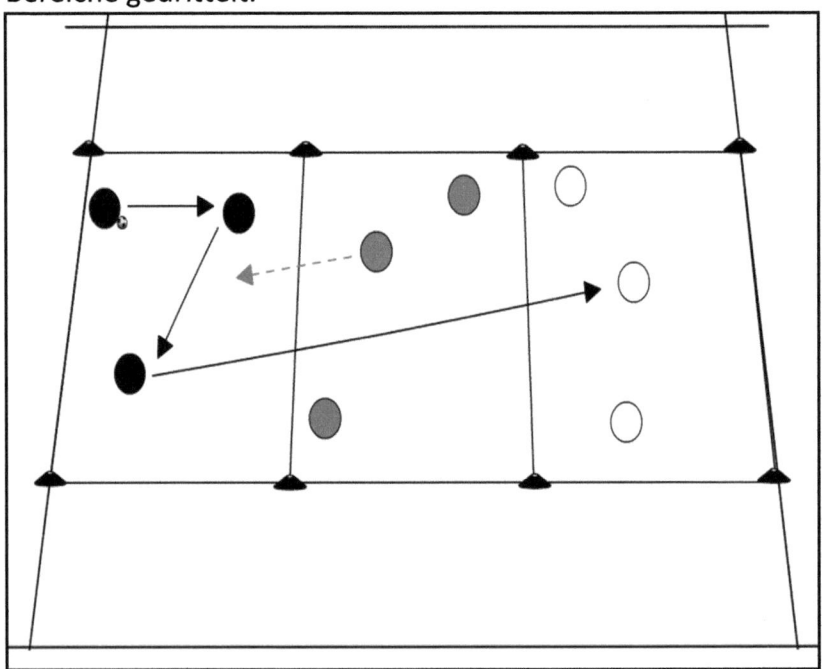

Es werden nun drei Dreierteams gebildet, die sich wie auf dem Bild dargestellt, verteilen.
Die Mannschaft in der Mitte spielt gegen die beiden äußeren Teams.

3. Übungen für das Umschalten

Ein äußere Mannschaft ist in Ballbesitz, und spielt sich im eigenen Feld die Bälle zu. Ein Verteidiger der mittleren Mannschaft darf nun in dieses Feld laufen und versucht, den Ball zu bekommen oder ins Aus zu befördern.

Die Mannschaft in Ballbesitz darf den Ball jetzt aber auch zu den Mitspielern im zweiten äußeren Feld flach oder hoch passen. Die beiden anderen Spieler in der Mitte sollen diesen Pass aber abfangen.

Gelingt der weite Pass, kehrt der Verteidiger in die Mitte zurück und ein anderer Verteidiger attackiert die andere Außenseite, und das Spiel geht mit den gleiche Spielregeln weiter.

Gelingt den Verteidigern eine Balleroberung oder sie können den Ball ins Aus befördern, wechselt die mittlere Mannschaft in ein äußeres Feld.

Die äußere Mannschaft, die den Ball verloren hat, muss nun in der Mitte verteidigen usw.

- Hier stellen wir noch einmal eine spezielle Form für ein Abschlussspiel nach einer lockeren Trainingseinheit vor (bei diesem Spiel ist die erforderliche Laufleistung enorm).

Es sollte wenigstens 8 : 8 (in diesem Fall 6 Feldspieler und zwei Torleute pro Mannschaft) gespielt werden, da sonst die Belastung zu hart wird. Die Spielfeldgröße wird der Spieleranzahl und der körperlichen Fitness angepasst.

An den beiden Torauslinien steht jeweils ein Tor.

An der Mittellinie, genau im Spielfeldzentrum, stehen noch einmal zwei Tore Rücken an Rücken. Auch diese Tore sind mit jeweils einem Torwart besetzt.

3. Übungen für das Umschalten

Die beiden Tore in einer Spielfeldhälfte gehören jeweils einem Team, die gegnerischen Tore befinden sich in der anderen Spielfeldhälfte.

Nach einem Torerfolg erfolgt ein Abstoß von dem betroffenen Tor.

Diese Spielform bewirkt ein häufiges Auftreten von gefährlichen Torsituationen, ein schnelles Umschalten bei Ballgewinn oder Ballverlust, hohen Laufzwang, Kreativität, Training der fußballspezifischen Ausdauer und häufiges Freilaufen und Anbieten.

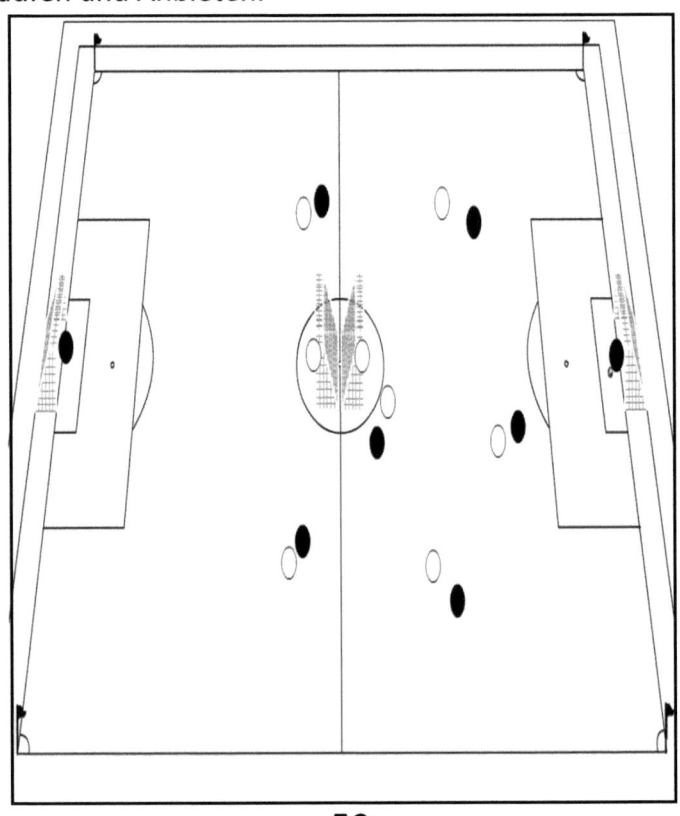

4. Angriffspressing

Sofortiges Umschalten von Angriff auf Abwehr bei Ballverlusten in der Nähe des gegnerischen Tores / Angriffspressing /extremes Angriffspressing

Bei einem Ballverlust weit in der gegnerischen Hälfte ziehen sich bei vielen Mannschaften im Amateurbereich die Abwehr- und Mittelfeldspieler schnell zurück und bauen in der eigenen Hälfte ein stabile Abwehr auf. Der Gegner wiederum versucht einen schnellen Angriff oder beginnt einen langsamen Spielaufbau.

Bei dem sich ständig wiederholenden Abwehrverhalten kann der Gegner sich schnell darauf einstellen und kontrollierte Angriffe vortragen.

Bei einem Ballverlust direkt an einen Gegenspieler in der Nähe des gegnerischen Tores kann aber auch mit einem Überraschungseffekt reagiert werden.

Dieses blitzschnelle Umschalten von Angriff auf Abwehr kann besonders unsichere Verteidiger zu einem kompletten Fehlverhalten nötigen und den erwünschten Torerfolg bescheren.

Dieses massive Angriffspressing muss aber direkt oder indirekt von der gesamten Mannschaft durchgeführt werden.

Deswegen wird dieses explizit im Training trainiert.

Mit der Taktik des extremen Forecheckings, besonders bei Ballverlusten am gegnerischen Sechzehner, können sogar stärkere Mannschaften verunsichert und besiegt werden.

Das extreme Angriffspressing kostet natürlich sehr viel Kraft und kann nicht 90 Minuten aufrechterhalten werden.

Deswegen kann der Trainer z.B. bestimmen, wir pressen

 # 4. Angriffspressing

vorne nur, wenn der Ball an einen „schwachen" Verteidiger unerwartet verloren wird.

Aber kommen wir an dieser Stelle erst einmal zu den theoretischen Grundlagen.

Forechecking

Forechecking (engl.Bez.) oder zu Deutsch Angriffs-verteidigung, ist eine spieltaktische Variante im Sport, die zuerst im Eishockey verwendet wurde und später auch im Fußball. Forechecking bezeichnet das frühzeitige Stören bzw. Attackieren des gegnerischen Angriffs bereits in der gegnerischen Hälfte bzw. Drittel (Eishockey).

Diese spieltaktische Variante erfordert gute konditionelle Fähigkeiten, vor allem der Mittelfeldspieler und Stürmer, da diese überwiegend das Forechecking ausführen.

Forechecking ist weiterhin unter dem Begriff **„Angriffspressing"** bekannt.

Beim Forechecking wird der Gegner frühzeitig in seiner eigenen Hälfte angegriffen und zu Fehlern im Spielaufbau genötigt. Die Spieler müssen fähig sein, diese Situationen zu erkennen, um einen schnellen Ballgewinn zu erreichen. Beim Ballgewinn entsteht die Möglichkeit, sofort zum Torabschluss zu kommen, weil man sich bereits weit in der gegnerischen Hälfte befindet.

 # 4. Angriffspressing

Diese taktische Variante ist kräftezehrend und kann meistens nur kurzzeitig (Ausnahmen werden noch erörtert) angewendet werden.

Schlechtes Angriffspressing sieht man häufig und endet oft in einer „Katastrophe". Die verteidigende Mannschaft attackiert den Gegner planlos, ohne dass ein wirkliches Doppeln entsteht.
Die Abstände zum Gegner sind hier in der Regel zu groß. Der Gegner entkommt mit schnellen Kombinationen und kann das Mittelfeld schnell überbrücken. Hier ist der Gegner dann oft mit zwei bis drei Anspielstationen vor dem eigenen Tor.

In der Grafik auf der nächsten Seite erkennen wir das grundlegende Verhalten der Mannschaft, bei einem Angriffspressing etwa 30 Meter vor dem gegnerischen Tor.
Die Mannschaft spielt in einem 4:4:2 System und setzt den gegnerischen linken Außenverteidiger massiv unter Druck. Der Außenverteidiger wird gedoppelt und alle möglichen Anspielstationen werden durch Verschieben zugestellt.

Beim Angriffspressing handelt also die gesamte Mannschaft weit vor dem eigenen Tor mit dem Ziel den ballführenden Gegenspieler zu umzingeln, und dadurch den Ballgewinn zu erpressen.

Dadurch schafft die Mannschaft ideale Bedingungen für ein schnelles Tor.

4. Angriffspressing

grundlegendes Verhalten beim Angriffspressing

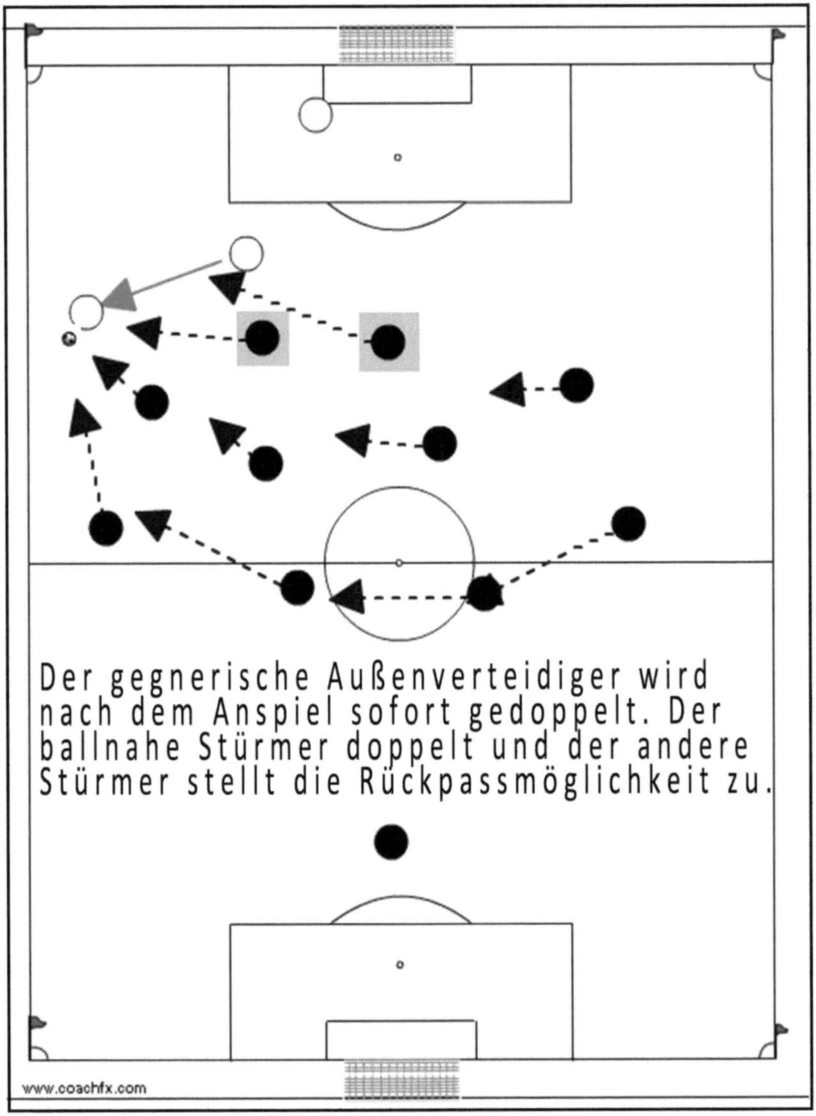

Der gegnerische Außenverteidiger wird nach dem Anspiel sofort gedoppelt. Der ballnahe Stürmer doppelt und der andere Stürmer stellt die Rückpassmöglichkeit zu.

www.coachfx.com

54

 # Angriffspressing

Beim Forechecking müssen die Spieler eine hohe Laufbereitschaft mitbringen, weil sie sich immer wieder Richtung Ball bewegen und bei einem Versagen des Pressings sofort in die Defensive umschalten. Gelingt das nicht, kann der Gegner blitzschnell einen Konter durchführen.

Ein Pressing kann direkt nach Spielbeginn der ersten oder zweiten Halbzeit, bei einem Rückstand oder als taktische Variante urplötzlich während des Spiels ausgeführt werden.

Gegen eine wesentlich schwächere Mannschaft kann ein Forechecking auch über einen längeren Zeitraum sofort eingesetzt werden, um das Spiel früh zu entscheiden. Weiterhin kann gegen eine solche Mannschaft ein Angriffspressing auch über einen wesentlich längeren Zeitraum durchgehalten werden, weil Ballverluste des Gegners wahrscheinlicher sind und damit die Laufarbeit auch geringer.

Der Zeitpunkt des Pressings wird in der Regel vom Trainer oder einem ausgewählten Spieler allein bestimmt. Der optimale Zeitpunkt des Forecheckings ist das Anspiel eines zentralen Abwehrspielers auf einen relativ schwachen Außenverteidiger. Einen Außenverteidiger kann man logischerweise mit weniger Mitspielern zustellen, als einen zentralen Gegenspieler. Erkennt der Trainer einen gegnerischen Außenverteidiger, der einen ganz schwachen Tag erwischt hat, bietet es sich an, dass er ganz spontan ein Angriffspressing anordnet, wenn dieser angespielt wird.

 # Angriffspressing

Auf Kommando des Trainers verschieben alle Spieler Richtung ballführenden Außenspieler. Der Stürmer mit der größten Entfernung zum Ball stellt die Rückpassmöglichkeit des Außenverteidigers zu. Der Stürmer mit der kürzeren Entfernung zum Ball doppelt den Verteidiger mit Ballbesitz zusammen mit dem entsprechenden äußeren Mittelfeldspieler. Die anderen Mitspieler stellen schnellstens alle Anspielstationen zu.

Der eigene Torwart rückt weit vor, um z.B. geschickte Pässe des Gegners über die Abwehrkette abzufangen.

Merke: Wie weit der eigene Torwart wirklich vorrücken soll, ist entscheidend davon abhängig, in welcher Liga wir uns befinden, ob Jugend- oder Seniorenbereich, welche Schusskraft der Gegner hat und wie schnell und gut der Torwart ist.

In einer Jugendmannschaft kann der Torwart relativ weit vorrücken, da es hier in der Regel keine Spieler gibt, die einen Torschuss über 70 – 80 Meter abgeben können. Bei Seniorenmannschaften in unteren Klassen wird es auch fast keine Spieler mit einer riesigen und so genauen Schusstechnik geben.

In den höheren Ligen sieht das anders aus. Hier muss der Torwart immer mit einem gewaltigen Weitschuss rechnen. Es gibt Fußballer, die einen Ball 80 – 100 Meter weit und noch relativ genau schießen können. Der Torwart wird hier über die Gegenspieler mit dieser enormen Schusskraft informiert und behält diese Spieler im Auge.

 # Angriffspressing

Bei einem Zuspiel dieser besagten Fußballer reduziert der Torwart im Rückwärtsgang die Entfernung zum eigenen Tor um einige Meter.

Kommen wir zurück zur Erläuterung des grundlegenden Verhalten beim Forechecking (siehe Grafik Seite 87).

Die Innenverteidiger sind die einzigen Feldspieler in der eigenen Spielfeldhälfte etwas hinter der Mittellinie. Die Außenverteidiger rücken in die gegnerische Hälfte vor und die Mittelfeldspieler postieren sich massiv im zentralen Mittelfeld. Die äußeren Mittelfeldspieler sind recht weit innen justiert und erzwingen dadurch sehr oft einen Spielaufbau über die gegnerischen Außenspieler.

Die entscheidenden Faktoren im Angriffspressing sind nun, dass schon beim Zuspiel auf den Außenverteidiger, alle Spieler sofort ihre Pressingaufgabe erfüllen. Sofort stellt der Stürmer die Rückpassmöglichkeit zu und der Außenverteidiger wird gedoppelt.

Scheitert allerdings das Doppeln und der Gegner kann den Ball sicher unter Kontrolle bringen, wird das Pressing abgebrochen (was aber nicht die Regel ist). Der Außenverteidiger wird jetzt nur von einem Spieler angegriffen und der nächst angespielte Gegenspieler wird gedoppelt. Die Rückpassmöglichkeit bleibt logischerweise versperrt. Setzt der Außenverteidiger zu einem Dribbling nach hinten an, um sich aus der Gefahr zu befreien, so wird das Pressing von der ganzen Mannschaft eingehalten und der Außenverteidiger weiter gestresst.

 # Angriffspressing

Beim Forechecking sollte dem Gegner eine Falle gestellt werden. Bestimmte Spieler werden locker oder überhaupt nicht gedeckt. Das sieht dann nach einem sicheren Anspiel für den Gegner aus. Es wurde aber vorher abgeklärt, dass zum Zeitpunkt eines Anspiels auf diese Spieler ein Forechecking durchgeführt wird. Sofort wird der Torwart zugestellt und der ballführende Spieler attackiert. Alle weiteren Maßnahmen des Pressings werden eingeleitet. Der Gegner ist überrascht und wird unter Umständen zu einem schnellen Ballverlust genötigt.

Diese Art des Angriffspressing bietet sich besonders bei einer gegnerischen Mannschaft an, die in der Abwehr relativ unsichere Spieler hat. Diese Gegenspieler werden nach Absprache und Einläuten des Pressings nur locker oder gar nicht gedeckt. Beim Anspiel ist die Wahrscheinlichkeit einer Balleroberung wesentlich höher.

Vorbereitende Übung zum Angriffspressing

Gespielt wird auf zwei kleine Tore über den halben Platz mit zwei festen Torhütern und fünf Feldspielern. Der Torwart muss bei Ballbesitz und beim Abstoß, den nur er ausführen darf, immer einen der beiden Außenverteidiger anspielen. Die Stürmer der gegnerischen Mannschaft setzen die Außenverteidiger zunächst nicht sonderlich unter Druck.

Auf ein Kommando des Trainers erfolgt sofort beim Anspiel des Außenverteidigers ein Pressing.

 # Angriffspressing

Auf Kommando des Trainers erfolgt aber sofort beim Anspiel des Außenverteidigers ein Pressing. In diesem Beispiel doppeln Spieler C und D den rechten Außenverteidiger, Spieler D stellt gleichzeitig den Torwart zu, Spieler B nimmt den ursprünglichen Gegenspieler von D in Manndeckung (wobei er seitlich zwischen Gegenspieler 4 zum eigenen Tor steht und auch einen direkten Flachpass zu Gegenspieler 3 abfangen kann) , Gegenspieler 5 wird von Spieler A und E gedoppelt, wobei Spieler E auch wieder den Raum zu Spieler 3 zustellt. Der Torwart rückt aus seinem Tor vor und fängt mögliche lange Bälle ab.

Bei einem wirklichen langen, hohen und relativ genauen Pass auf Spieler 3, den der Torwart auch nicht erlaufen kann, verschieben die Spieler in die entsprechenden Positionen zurück (der Ball ist schließlich eine Zeit unterwegs und muss vom Spieler 3 auch noch unter Kontrolle gebracht werden.

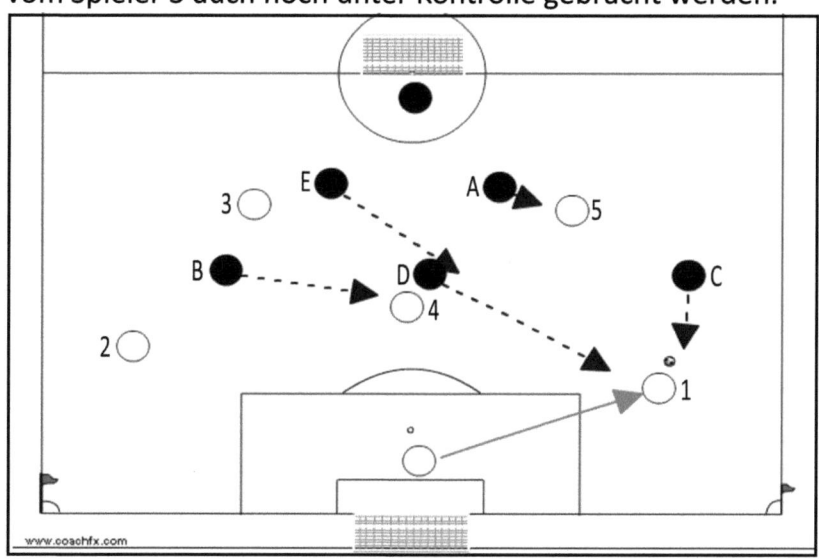

 # Angriffspressing

Wie wird reagiert, wenn das Pressing scheitert?

Beispiel A:
Der Außenverteidiger spielt den Ball noch rechtzeitig zum Torwart zurück und dieser schlägt den Ball nach vorn. Wahrscheinlich kann der Torwart den langen Ball abfangen und die Außenverteidiger bieten sich in der Rückwärtsbewegung über außen an usw. Die Balleroberung war trotzdem erfolgreich.

Beispiel B:
Der Torwart oder der Spieler 1 schafft es, einen kontrollierten Ball auf Spieler 3 zu spielen. Jetzt besteht ernsthafte Gefahr für das eigene Tor. Der Torwart läuft rückwärts Richtung eigenes Tor, Spieler E stellt den Spieler 3, Spieler D übernimmt den Spieler 4, Spieler C und E ziehen sich zurück und ihre Reaktionen sind abhängig vom weiteren Spielverlauf und Spieler A bleibt bei Spieler 5.

Beispiel C:
Der Gegenspieler mit der Nummer 1 umspielt beide Spieler C und D. C sprintet jetzt nach hinten und versucht die 1 erneut zu stellen. E bleibt bei der 5, A attackiert die 1 zusätzlich, Spieler D deckt jetzt die 4 und Spieler B stellt jetzt die 3.

Den Spielern muss aber verdeutlicht werden, dass sie nicht mechanisch reagieren dürfen, den Spielverlauf beobachten und sich dementsprechend verhalten müssen, denn hier klaffen Theorie und Praxis oft weit auseinander.

 **Angriffspressing**

Übungen zum normalen Angriffspressing

Übung 1 (Pressing über die Seite)

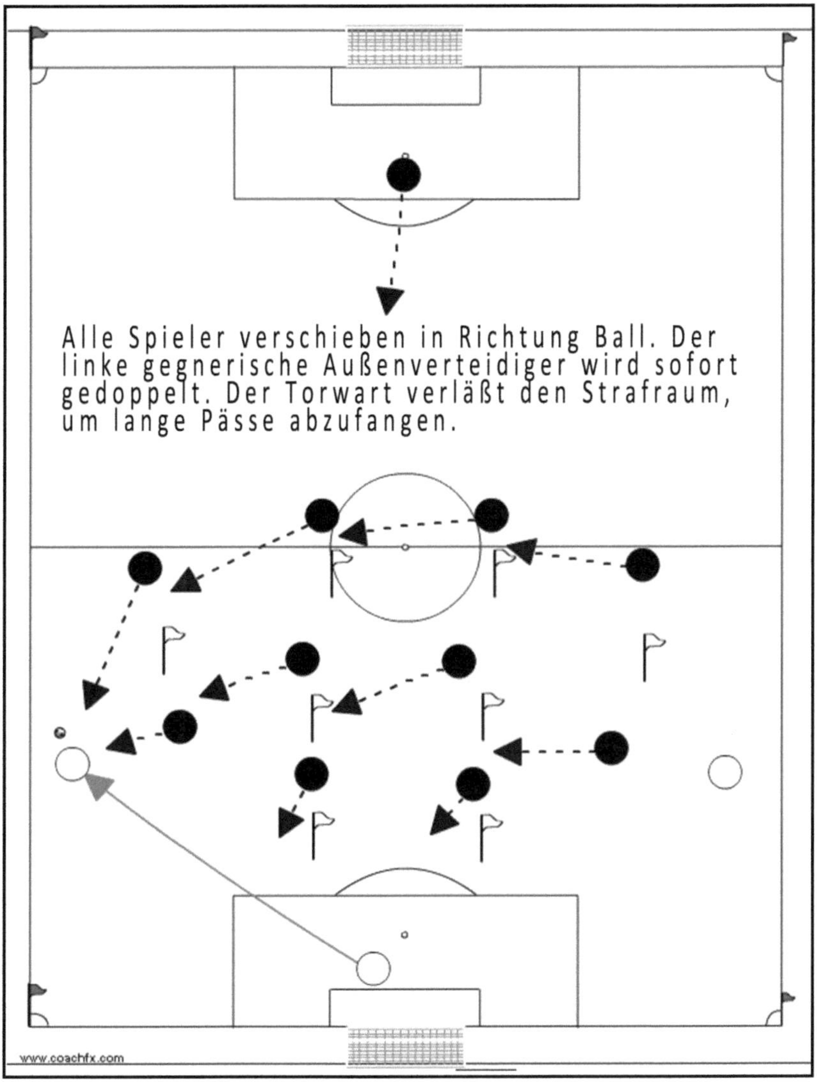

Alle Spieler verschieben in Richtung Ball. Der linke gegnerische Außenverteidiger wird sofort gedoppelt. Der Torwart verläßt den Strafraum, um lange Pässe abzufangen.

 **Angriffspressing**

Übungsaufbau und Ablauf:
Diese Übung erfolgt über das gesamte Spielfeld. Zunächst werden die Pylonen oder noch besser die Fahnenstangen in der gegnerischen Hälfte aufgestellt. Jede Fahne steht für einen Gegenspieler. Nur die Außenverteidiger des Gegners werden mit echten Spielern besetzt. Die komplette Mannschaft nimmt ihre Positionen für ein bevorstehendes Angriffspressing ein. Der Trainer simuliert den Torwart, der einen Außenverteidiger anspielt. Jetzt müssen alle Spieler, z.B. wie hier auf der Zeichnung, ihre neuen Positionen einnehmen. Diese Übung wird solange wiederholt, bis jeder Spieler seinen Laufweg begriffen hat.

Genau an dieser Stelle erklärt der Trainer noch einmal ausführlich, dass die Verschiebungen nur theoretisch sind und der Gegner in einem wirklichen Spiel anders aufgestellt sein kann und sich daraus etwas andere Verschiebungen ergeben können.

Durch das heftige Attackieren des Außenverteidigers und das Zustellen möglicher Anspielstationen ist nun ein schneller Ballgewinn möglich. Daraus ergibt sich wahrscheinlichl eine Torchance, da man sich ja nur etwa 30 Meter vor dem gegnerischen Tor befindet. Einen Rückpass auf den Innenverteidiger oder sogar dem Torwart können die beiden Stürmer eventuell direkt abfangen.

Variation 1:
Nachdem die Spieler nun verschoben haben, soll der Außenverteidiger versuchen, einen sicheren Rückpass zum Torwart zu spielen. Die Spieler sollen jetzt richtig in die Ausgangslage zurückschieben.

 **Angriffspressing**

Variation 2:

Alle Spieler schieben zurück, außer der linke Stürmer, der jetzt den Torwart mit maximaler Geschwindigkeit anläuft und ihn so eventuell zu einem unkontrollierten Weitschuss provoziert.

Variation 3:

Als nächstes versucht der linke Außenverteidiger einen sicheren Pass auf den Torwart, der diesen sofort an den rechten Außenverteidiger weiterleitet. Hier muss die komplette Mannschaft jetzt rüberschieben und erneut pressen.

Sie sollen dabei auch erkennen, dass das Verschieben bereits beginnt, obwohl der Ball noch unterwegs ist.

Diese Trainingsübung wird wiederholt, bis alle Mannschaftsteile die Grundform des normalen Angriffspressing begriffen haben.

 # Angriffspressing

Übung 2: Angriffspressing (zentral)

Auf der nächsten Grafik erkennen wir ein Angriffspressing bei einem Zuspiel auf einen gegnerischen Innenverteidiger. Die Räume können hier nicht so eng gemacht werden, wie beim Pressing über die Seite.

Die Pressingbemühungen können hier durch ein gutes „Spiel ohne Ball" vom Gegner aufgelöst werden und zu einem schnellen Gegenkonter führen.

Diese Art von Pressing bedeutet in der Regel ein Risiko und findet z.B. Anwendung, wenn kurz vor Schluss ein Tor erzwungen werden soll oder wenn der Gegner wesentlich schwächer ist. Bei einem wesentlich schwächeren Gegner geht die Mannschaft hier kein hohes Risiko ein.

Aus diesem Grund sollte auch das zentrale Pressing einstudiert werden.

Die Art des Pressings erfolgt wieder über das gesamte Spielfeld. Zunächst werden die Pylonen oder noch besser die Fahnenstangen in der gegnerischen Hälfte aufgestellt. Jede Fahne steht für einen Gegenspieler. Die komplette Mannschaft nimmt ihre Positionen für ein bevorstehendes Angriffspressing ein. Der Trainer simuliert den Torwart, der einen Innenverteidiger anspielt.

Jetzt müssen alle Spieler, wie auf der Zeichnung ihre neuen Positionen einnehmen. Diese Übung wird solange wiederholt, bis jeder Spieler seinen Laufweg begriffen hat.

Der Trainer legt hier allerdings fest, welche Gegenspieler die Innenverteidiger und Defensivmittelfeldspieler übernehmen.

 **Angriffspressing**

zentrales Angriffspressing

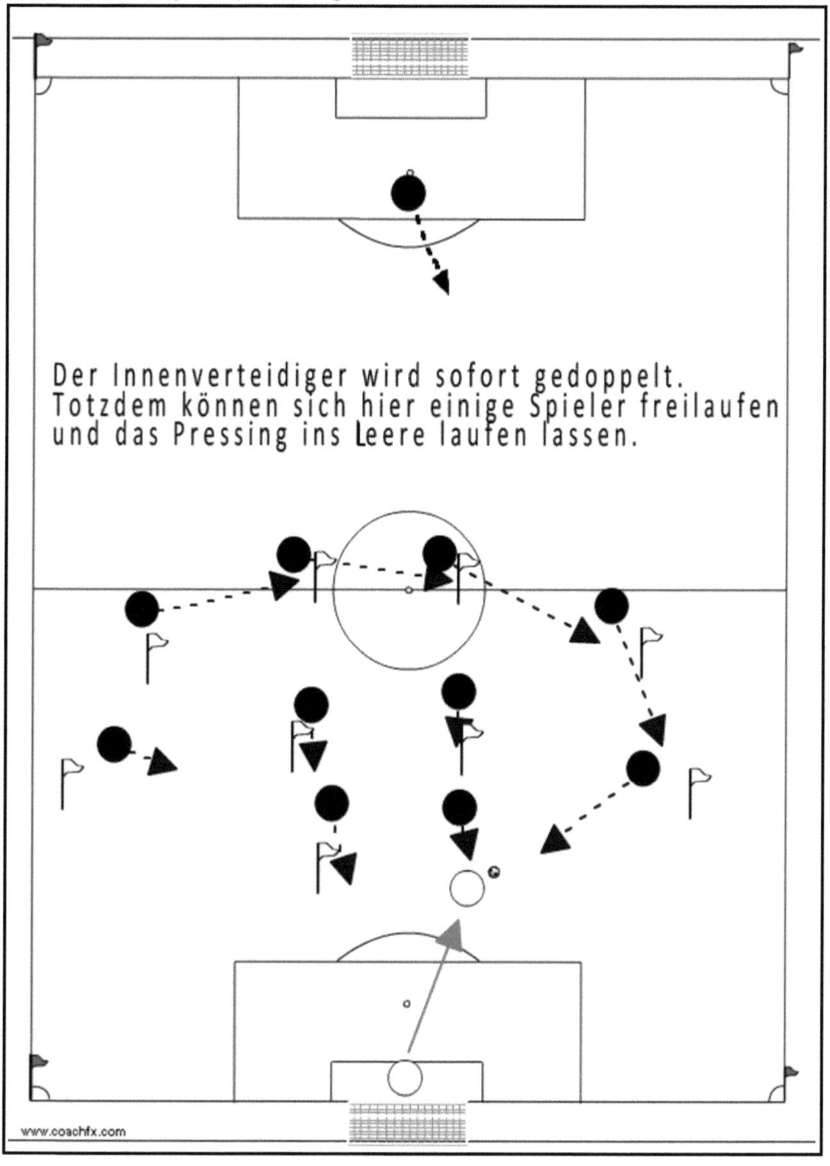

Der Innenverteidiger wird sofort gedoppelt.
Totzdem können sich hier einige Spieler freilaufen
und das Pressing ins Leere laufen lassen.

 # Angriffspressing

Pressing mit "weiten Bällen"

Es gibt allerdings noch weitere Varianten des Angriffspressings.

Bei einer Variante spielt die Mannschaft bewusst weite Bälle aus der Abwehr heraus in den Rücken der gegnerischen Viererkette. Die gesamte Mannschaft setzt nach und eine Art Angriffsspiel wird eingeleitet.

Der Gegner fällt sofort hinter den Ball und muss das Spiel umstellen.

Diese Angriffstaktik bietet sich bei relativ schwachen gegnerischen Abwehrspielern und bei einem hohen Anteil sprintstarker Mannschaftsteile an.

Sie findet jedoch auch Anwendung bei Gegnern, die kein eigenes Aufbauspiel zulassen.

Nach dem langen Pass sprinten die Offensivkräfte nach vorn und attackieren die sich zurückziehenden und vermutlich in Ballbesitz kommenden gegnerischen Verteidiger. Auch alle anderen Spieler rücken schnell auf und stellen mögliche Anspielstationen zu.

Bei einem weiten Pass des Gegners in die andere Hälfte steht dieser dann im Abseits.

Der eigene Torwart rückt ebenfalls vor und kann lange Bälle zusätzlich abfangen.

Der weite Pass muss allerdings sehr genau in den Raum gespielt werden, damit der Torwart ihn nicht erlaufen kann. Spielt ein Verteidiger den Ball zum Torwart, wird dieser sofort angegriffen.

Angriffspressing

Pressing mit "weiten Bällen"

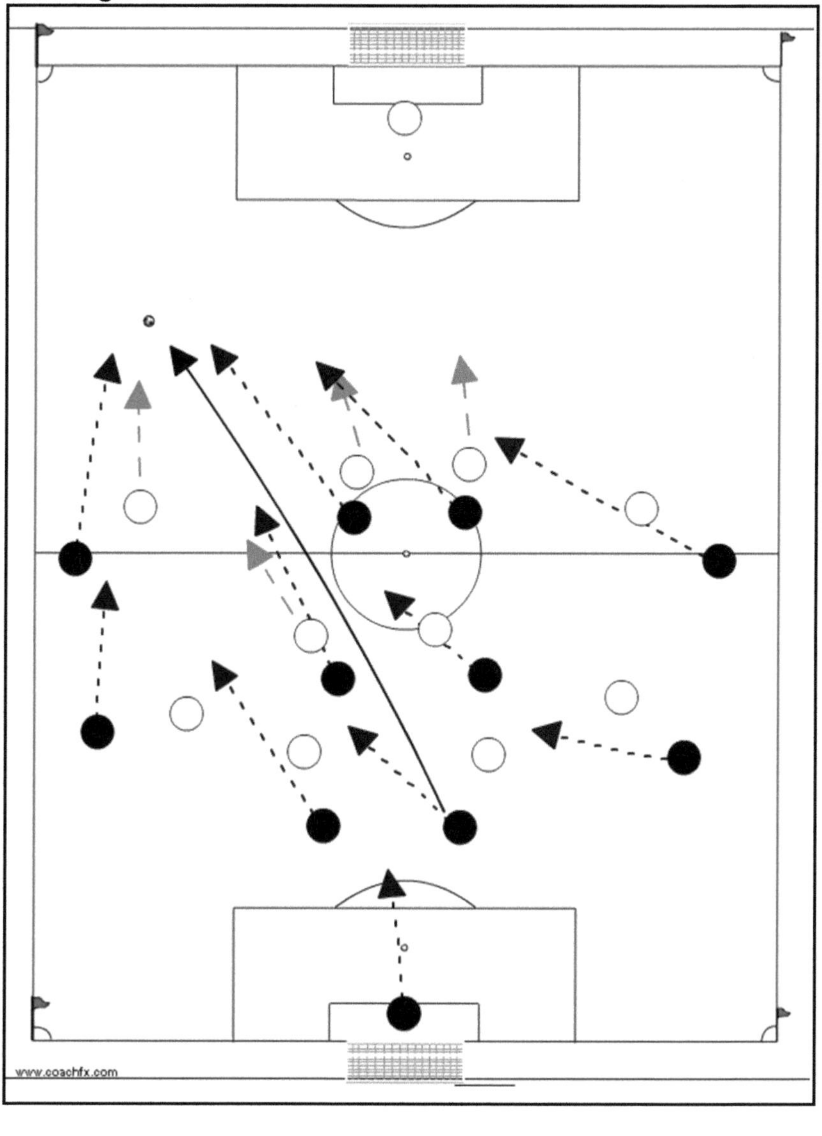

 # Angriffspressing

Seitliches Anlaufen eines Innenverteidigers

Die nächste Variante des Angriffspressings ist das seitliche Anlaufen eines Innenverteidigers durch den Stürmer, der am weitesten von diesem entfernt ist.

In der Grafik auf der nächsten Seite läuft der Stürmer also den linken Innenverteidiger seitlich an und versperrt den Weg zum rechten Innenverteidiger. Gleichzeitig schränkt er auch die Rückpassmöglichkeit zum Torwart geschickt ein.

Der andere Stürmer folgt und doppelt den Gegner.

Weiterhin erkennen wir, wie die Viererkette verschiebt und der linke Außenverteidiger gedoppelt wird. Außer dem rechten Außenverteidiger und dem rechten Mittelfeldspieler, werden alle Feldspieler in Manndeckung genommen. Der linke Mittelfeldspieler der pressenden Mannschaft sichert die Seite komplett ab.

Bei einem wirklichen weiten Pass auf den rechten gegnerischen Mittelfeldspieler verschiebt die Viererkette dementsprechend zurück.

Der linke Mittelfeldspieler kann den Pass eventuell abfangen oder erlaufen. Ist dies nicht der Fall, z.B. bei einem zu lang geschlagenen Pass, fängt diesen der Torwart ab.

In diesem Beispiel wird zum ersten Mal der gegnerische Torhüter zugestellt. Beim extremen Angriffspressing werden wir dieses Verhalten des öfteren sehen.

Angriffspressing

seitliches Anlaufen eines Innenverteidigers

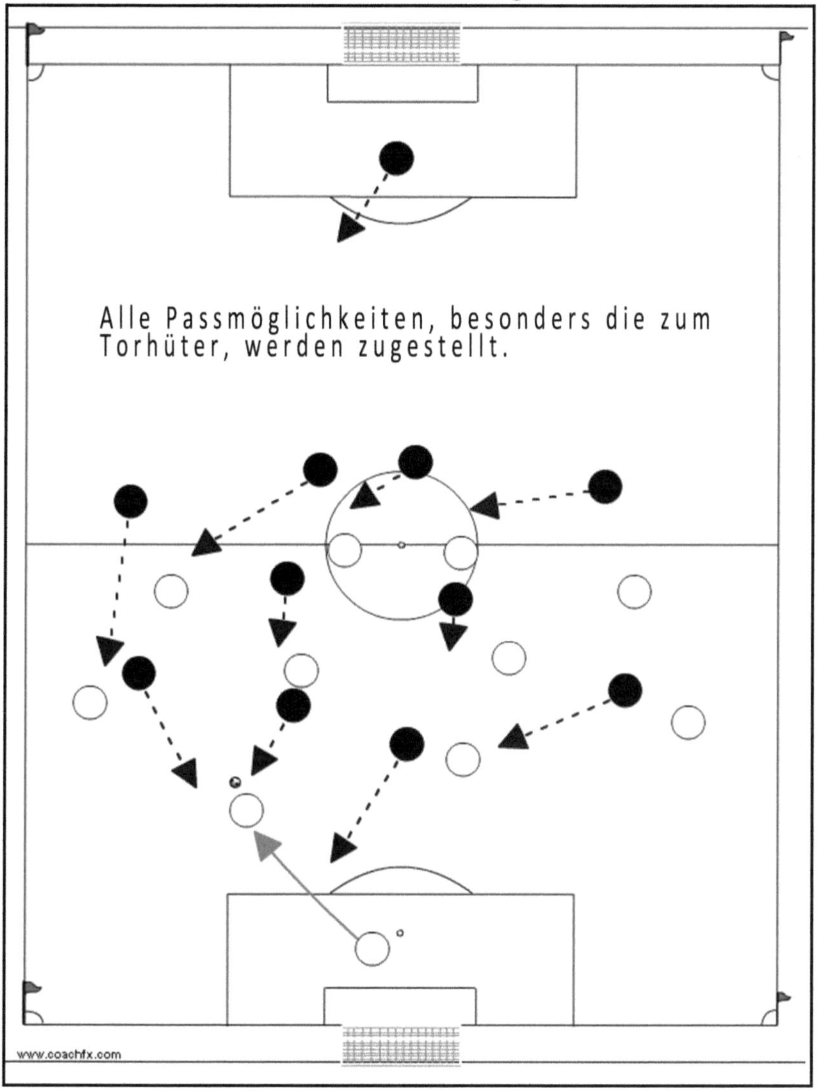

Alle Passmöglichkeiten, besonders die zum Torhüter, werden zugestellt.

www.coachfx.com

69

# Angriffspressing

Extremes Angriffspressing

Extremes Forechecking bedeutet ein Pressing schon ab dem Sechzehner des Gegners, d.h. auch wenn ein Gegenspieler in der Nähe des Strafraums zum Spielaufbau angespielt wird, erfolgt sofort das entsprechende Druckspiel.

Diese Spielweise ist sehr kräftezehrend und unter Umständen sehr riskant. Sie wird z.B. eingesetzt bei einem unbedingten Torerfolg kurz vor Ende der Spielzeit, bei einem Gegner, der so erschöpft ist, dass diese Taktik erfolgsversprechend ist. Auch kann sie bei einem Gegner, der mit mehr als einem Spieler in Unterzahl spielt oder bei einem sehr schwachen Gegner angewendet werden. Jeder Gegner kann durch diese Vorgehensweise vollkommen verunsichert werden.

Da die Pressingzone jedoch viel größer ist als beim normalen Pressing, können die Räume hier nicht so eng gemacht werden.

 # Literaturverzeichnis

Claßen, M. / Schnepper, W.:
Taktiktraining im Jugendfußball, BOD, 2011

Claßen, M. / Schnepper, W.:
Taktiktraining im Jugendfußball 2, BOD, 2012

Claßen, M. / Schnepper, W.:
Pressing mit System, BOD, 2012

 **Notizen**